PLAN D'ÉTUDES

ET

PROGRAMMES DE L'ENSEIGNEMENT SECONDAIRE

1925

ARRÊTÉ DU 3 JUIN 1925

LIBRAIRIE HACHETTE

79, BOULEVARD SAINT-GERMAIN, PARIS

PLAN D'ÉTUDES ET PROGRAMMES

DE

L'ENSEIGNEMENT SECONDAIRE

DANS LES CLASSES
DES LYCÉES ET COLLÈGES DE GARÇONS

Le ministre de l'instruction publique et des beaux-arts,

Vu la loi du 27 février 1880, article 5;

Vu le décret du 3 mai 1925 relatif aux études de l'enseignement secondaire;

Vu l'arrêté du 3 décembre 1923 relatif aux horaires et aux programmes de l'enseignement secondaire (lycées et collèges de garçons);

Vu les arrêtés du 25 mars 1924 organisant le certificat d'études classiques:

Le conseil supérieur de l'instruction publique entendu,

    Arrête :

ART. 1er. — La répartition hebdomadaire des diverses matières de l'enseignement dans les classes des lycées et collèges de garçons est fixée ainsi qu'il suit, à partir de la classe de sixième :

CLASSE DE SIXIÈME

	COURS COMMUNS	SECTION A	SECTION B
Français.	4	»	3
Latin.	»	6	»
Histoire.	2	»	1 (ex. prat.)
Géographie.	1	»	
Langue vivante. . . .	4	»	1 (ex. prat.)
Mathématiques. . . .	2	»	»
Sciences naturelles. .	1	»	1 (ex. prat.)
	14 h.	6 h.	3 h. + 3 h. (ex. pr.)
	Total : 20 h.		17 h. + 3 h. (ex. pr.)

CLASSE DE CINQUIÈME

	COURS COMMUNS	SECTION A	SECTION B
Français.	4	»	5
Latin..	»	6	»
Histoire.	2	»	1 (ex. prat.)
Géographie	1	»	1 (ex. prat.)
Langue vivante. . . .	4	»	1 (ex. prat.)
Mathématiques. . . .	2	»	»
Sciences naturelles .	1	»	1 (ex. prat.)
	14 h.	6 h.	5 h. + 3 h. (ex. pr.)
	Total : 20 h.		17 h. + 5 h. (ex. pr.)

CLASSE DE QUATRIÈME

	COURS COMMUNS	SECTION A	SECTION B
Français.	5	»	4
Latin	»	5	»
Grec.	»	5	»
Histoire	2	1 (fac.)	1 (ex. prat.)
Géographie.	1		
Langues vivantes. . .	5	»	4
Mathématiques. . . .	5	»	»
Sciences naturelles. .	1	»	»
	15 h.	8 h. + 1 h. (fac.)	8 h. + 1 h. (ex. pr.)
	Total : 21 h. + 1 h. (fac.)		21 h. + 1 h. (ex. pr.)

CLASSE DE TROISIÈME

	COURS COMMUNS	SECTION A	SECTION B
Français.	4	»	5
Latin	»	4	»
Grec.	»	5	»
Art	1/2	»	»
Histoire.	2	1/2 (fac.)	1/2 (ex. prat.)
Géographie	1		
Langues vivantes. . .	3	»	4
Mathématiques. . . .	3	»	»
Sciences naturelles. .	1	»	»
	14 h. 1/2	7 h. + 1/2 h. (fac.)	7 h. + 1/2 (ex. pr.)
	Total : 21 h. 1/2 + 1/2 h. (fac.)		21 1/2 + 1/2 (ex. pr.)

CLASSE DE SECONDE

	COURS COMMUNS	SECTION A AVEC GREC	SECTION A' SANS GREC	SECTION B
Français	5	»	2 [1]	2 [1]
Latin	»	4	4	»
Grec	»	4	»	»
Art.	»	1/2 (fac.)	1/2 (fac.)	1/2
Histoire.	2	1/2 (fac.)	1/2 (fac.)	1/2 (ex. pr.)
Géographie.	1			
Langues vivantes . .	2	»	2 [1]	6 (4 + 2) [1]
Mathématiques . . .	4	»	»	»
Physique et chimie .	2 1/2 +1h. 1/2 (ex. pr.)	»	»	»
	14 h. 1/2 +1h. 1/2 (ex. pr.)	8 + 1 (fac.)	8 +1 (fac.)	8 h. 1/2 +1/2 (ex. pr.)
	Total : 22 h. 1/2 + 1 h. 1/2 (ex. prat.) + 1 h. (fac.)		22 h. 1/2 +4h. 1/2 (ex. pr.) +1 (fac.)	25 h. +2 h. (ex. pr.)

1. Cours communs aux sections A' et B.

ENSEIGNEMENT SECONDAIRE.

CLASSE DE PREMIÈRE

	COURS COMMUNS	SECTION A AVEC GREC	SECTION A' SANS GREC	SECTION B
Français	5	»	1 1/2 [1]	1 1/2 [1]
Latin	»	4	4	»
Grec	»	4	»	»
Art	»	1/2 (fac.)	1/2 (fac.)	1/2
Histoire	2	1/2 (fac.)	1/2 (fac.)	1/2 (ex. pr.)
Géographie	1			
Langues vivantes	2	»	2 [1]	6 (4 + 2) [1]
Mathématiques	4	»	»	»
Physique et chimie	5	»	»	»
	+ 1h.1/2 ex.pr.			
	15 h. + 1h.1/2 ex.pr.	8 h. + 1 h. (fac.)	7 1/2 + 1h. (fac.)	8 h. + 1/2 (ex. pr.)
	Total : 25 h. + 1 h. (fac.) + 1 h. 1/2 ex. prat.)		22 1/2 + 1 (fac.) + 1h.1/2 (ex.pr.)	25 h. + 2 h. (ex. pr.)

1. Cours communs aux sections A' et B.

CLASSE DE PHILOSOPHIE

Philosophie	8 h. 1/2
Histoire et géographie	3 h. 1/2
Études littéraires	2 heures
Langues vivantes	2 heures
Physique et chimie	3 heures
Sciences naturelles	2 heures
Mathématiques	2 heures
	25 heures

CLASSE DE MATHÉMATIQUES

Philosophie	3 heures
Histoire et géographie	3 h. 1/2
Langues vivantes	2 heures
Mathématiques et dessin géométriques	9 h. 1/2
Physique et chimie	4 h. 1/2
Sciences naturelles	2 heures
	24 h. 1/2

Le programme des matières enseignées est déterminé par 'e tableau annexé au présent arrêté.

Art. 2. — L'enseignement du dessin est réparti ainsi qu'il suit :

Classe de sixième, 2 heures.
Classe de cinquième, 2 heures.
Classe de quatrième, 1 h. 1/2.
Classe de troisième, 1 h. 1/2.
Classe de seconde, 2 heures facultatives en A, obligatoires en B (premier semestre seulement).
Classe de première, 2 heures (facultatives).
Classe de philosophie, 2 heures (facultatives).
Classe de mathématiques, 2 heures (facultatives).

Art. 3. — En dehors des enseignements prévus aux articles 1er et 2, de l'éducation physique, et de ceux qui existent actuellement dans les lycées et collèges en vertu des règlements, ou qui seraient institués par arrêté ministériel, après avis du conseil supérieur de l'instruction publique, aucun enseignement, même facultatif, ne peut être donné, s'il n'est autorisé par le recteur, après consultation de l'assemblée des professeurs.

Ne sont pas visés par les dispositions du paragraphe précédent les conférences, exercices pratiques et excursions organisées par les professeurs pour compléter leur enseignement.

Ces exercices pratiques, pour la physique et la chimie, sont d'une heure et demie en seconde, première, philosophie et mathématiques.

Art. 4. — Chaque semaine, dans les classes de sixième, cinquième et quatrième, deux heures et demie, confiées aux professeurs respectifs, sont consacrées à des séances de direction et de contrôle du travail des élèves pour certaines matières d'enseignement. La répartition de ces heures, qui seront obligatoires, est indiquée dans un tableau annexé au présent arrêté.

Les élèves pourront être réunis tous ensemble ou distribués par petits groupes, suivant l'effectif de la classe.

Art. 5. — L'une des langues vivantes choisies par les élèves de la section moderne est obligatoirement l'anglais ou l'allemand. Les langues vivantes qui peuvent être enseignées dans les lycées et collèges sont : l'anglais, l'allemand, l'italien, l'espagnol, le portugais, l'arabe. le russe ; de plus, à titre exceptionnel, les langues des pays avec lesquels la France a conclu une convention scolaire et, en général, toutes celles qui sont admises aux épreuves du baccalauréat.

ART. 6. — Aucun élève ne peut, jusqu'à la classe de seconde, être retenu plus de cinq heures par jour pour assister aux cours et enseignements obligatoires ou facultatifs prévus aux articles 1er et 2. En principe, il ne sera pas donné d'enseignement obligatoire le jeudi dans les classes qui précèdent celle de première.

ART. 7. — Le présent arrêté entrera en vigueur, pour les classes de 6e, 5e et 4e, à la date du 1er octobre 1925, et au 1er octobre de chaque année suivante pour les classes ultérieures. Sous cette réserve, sont abrogés l'arrêté du 31 mai 1902, modifié par ceux des 27 et 28 juillet 1905, 26 juillet 1909, 15 novembre 1912, 6 juillet 1917, 20 juillet 1921, l'arrêté du 3 août 1923, l'arrêté du 3 décembre 1923 et les arrêtés du 25 mars 1924.

Fait à Paris, le 3 juin 1925.

DE MONZIE.

ANNEXE I

SÉANCES DE DIRECTION ET DE CONTROLE DU TRAVAIL

	Lettres.	Langues vivantes.	Sciences naturelles.
Sixième.	1	1	1/2
Cinquième.	1	1	1/2
Quatrième.	1	1	1/2

PROGRAMMES

REMARQUES GÉNÉRALES

I

Les programmes doivent être connus non seulement des administrateurs et des professeurs, mais encore, dans tous leurs détails, des familles et des élèves.

Les administrations collégiales veilleront à leur diffusion.

II

Toute étude d'une œuvre classique fournira au professeur l'occasion de faire ressortir l'intérêt durable, tant moral qu'esthétique, du texte étudié. Ainsi les élèves tireront le plus grand profit possible de l'intimité avec les auteurs dont le commerce doit non seulement développer, en eux, le jugement et le goût, mais encore leur donner un sens élevé de la vie.

III

La connaissance des principes grammaticaux des langues française, latine et grecque, après avoir été l'objet de l'enseignement des premières classes, devra être maintenue et vérifiée jusqu'à la classe de première inclusivement, soit au moyen de l'explication des textes, soit par des revisions appropriées aux besoins des élèves.

IV

Le professeur ne négligera jamais l'importance essentielle de l'acquisition du vocabulaire latin et grec, à laquelle il intéressera ses élèves, soit en leur faisant transcrire méthodiquement les mots expliqués et commentés sur un cahier spécial, soit en employant tout autre moyen qui lui permettra d'exiger de leur part un travail raisonné.

Cet exercice particulier n'aura lieu qu'à l'occasion des lectures de textes, des thèmes, versions et explications.

V

Pendant toute la durée des études, le thème sera tenu pour nécessaire, en latin comme en grec, autant que la version.

VI

Le respect absolu de la correction dans l'emploi de la langue française doit être imposé aux élèves par tous les professeurs, qu'il s'agisse d'exercices écrits ou oraux, littéraires ou scientifiques.

VII

Les listes d'auteurs ne sont pas destinées à être utilisées tout entières chaque année. Le professeur y choisira annuellement les quelques auteurs qu'il fera étudier en classe.

Le professeur veillera néanmoins à ce que ses élèves ne limitent pas leurs lectures aux textes qu'il aura désignés pour l'explication. Par des conseils, aussi bien que par des questions, il leur montrera la nécessité de lire le plus grand nombre possible des auteurs qui figurent au programme de l'année.

Il importe, de toute façon, que la liberté du choix des auteurs n'ait pas cette conséquence que certains écrivains ne soient jamais étudiés. Le conseil d'enseignement fera en sorte que les élèves ne se présentent pas au baccalauréat sans avoir expliqué les chefs-d'œuvre essentiels.

VIII

Les livres de classe ne seront pas tous achetés au début de l'année, mais au moment de l'utilisation qui doit en être faite.

CLASSE DE SIXIÈME

(Voir *Remarques générales* en tête des programmes.)

Langue française.

(7 heures.)

Cours communs : 4 heures.

Cours spéciaux à la section B : 3 heures.

ÉTUDE DE LA LANGUE

Grammaire, orthographe, vocabulaire [1].

Notions très élémentaires sur les sons français et leur représentation écrite. Accentuation.

Étude méthodique du vocabulaire. Formes réelles et formes écrites.

Notions sommaires sur les mots dérivés et sur les mots composés.

Proposition principale et proposition subordonnée.

Fonctions des mots dans la proposition (étude approfondie); fonctions des propositions dans la phrase (indications sommaires). (En même temps que l'étude des fonctions, on abordera celle des prépositions et des conjonctions.)

Les différentes espèces de mots : formes et accords.

1. Le plan d'études grammaticales pour les trois langues classiques a essentiellement pour objet de déterminer les parties du programme qui doivent être spécialement étudiées dans chaque classe, de façon à éviter toute omission qui serait définitive ou tout double emploi qui serait improductif. D'autre part, il n'est pas question d'éliminer absolument telle notion de l'enseignement de la classe de 6e, par exemple, sous prétexte qu'elle figure au programme de la 5e, et inversement : le professeur d'une classe plus élevée peut avoir des explications utiles à donner sur une question que l'âge et le développement des élèves n'avaient permis que d'effleurer en 6e ou en 5e.

EXERCICES D'APPLICATION

Étude de l'orthographe, de la ponctuation ; exercices oraux et dictées, suivies de questions d'analyse (les textes des dictées ne seront choisis que dans les meilleurs prosateurs).

Étude orale du vocabulaire français usuel, à propos des textes français ou latins.

Lectures courantes et explications de textes.

Récitation de textes précédemment expliqués (on fera de préférence apprendre par cœur des morceaux de poésie).

Brefs exercices oraux ou écrits d'observation et de description (les exercices écrits seront, autant que possible, préparés en classe).

Petits exercices consistant à reproduire des récits très simples lus en classe et commentés comme modèles.

N. B. — Dans tous les exercices de la classe, le professeur devra exiger que les élèves prononcent exactement et s'expriment en phrases complètes et correctes.

AUTEURS

Morceaux choisis de prose et de vers des classiques français ; (le même recueil servira pour les classes de 6e, 5e et 4e).

Récits extraits des prosateurs et poètes du moyen âge, mis en français moderne (livre de lecture et d'explication cursive).

La Fontaine : *Fables* (choisies dans les trois premiers livres).

Fénelon : *Fables*. — *Télémaque*.

Choix de poètes du XIXe siècle.

Contes et récits en prose des auteurs du XIXe siècle.

RÉPARTITION DES EXERCICES ENTRE LES COURS COMMUNS ET LES COURS SPÉCIAUX A « B »

Les professeurs devront répartir les divers exercices de langue française de telle manière que les cours spéciaux à B comportent des exercices de haute valeur éducative et constituent un enseignement de compensation du latin. La répartition suivante est donnée à titre d'indication :

Cours communs : récitation et explication des textes littéraires (2 heures).

Préparation et correction de devoirs (2 heures).

Cours spéciaux à B : compte rendu de lectures dirigées (1 heure).

Travaux dirigés de grammaire et d'orthographe (1 heure).

Leçons et interrogations. Exercices oraux et corrections d'exercices écrits de langage et de style. Correction de devoirs (1 heure).

Langue latine.
(6 heures.)

ÉTUDE DE LA LANGUE

Prononciation. Accent tonique.

Déclinaison des noms et des adjectifs. Etude de la conjugaison régulière. Déclinaison des pronoms. Étude élémentaire de la valeur des cas; à ce propos, rapports marqués par les prépositions.

(On commencera en même temps l'étude des déclinaisons et celle des conjugaisons, de façon à mettre le plus tôt possible les élèves en présence des éléments d'une phrase complète.)

EXERCICES D'APPLICATION

Explication et récitation.

(On profitera des explications pour donner les premiers exemples de proposition infinitive et d'ablatif absolu.)

Exercices oraux et écrits de thème et de version.

AUTEURS

Recueil de textes faciles et gradués.

Epitome historiæ Grecæ (édition simple et de difficulté graduée).

De viris illustribus urbis Romæ (dans le deuxième semestre).

Histoire.

(2 heures communes aux sections A et B.)

L'Orient et la Grèce.

I

Notions très générales sur les temps préhistoriques.

Synchronisme des civilisations antiques (bref aperçu destiné à faire comprendre aux élèves que dans les milliers d'années qui précèdent l'ère chrétienne se sont succédé de nombreux groupements humains). Antiquité des civilisations aryenne et chinoise.

LES ÉGYPTIENS

Description de l'Égypte. Le Nil. Sources de l'histoire de l'Égypte (les écrivains grecs, Hérodote, les monuments; l'égyptologie science française, Champollion et ses successeurs).

L'ancien empire : Memphis. La religion primitive.

Le nouvel empire : Thèbes. Les dynasties guerrières. L'Égypte conquérante, la civilisation égyptienne. Les grands temples. Karnak et Louqsor. Culte des morts. Mœurs et industrie; l'écriture.

Les derniers temps de l'Égypte indépendante. L'influence grecque; l'Égypte soumise à la Perse.

LES CHALDÉENS ET LES ASSYRIENS

La région du Tigre et de l'Euphrate.

Sources d'information pour l'histoire de Chaldée et d'Assyrie.

Cités sumériennes et empire akadien. Fondation de Babylone.

Les grands conquérants sémites. Ninive et les rois d'Assyrie. Architecture et sculpture assyriennes; astronomie chaldéenne.

LES HÉBREUX

Description de la Palestine. Histoire traditionnelle du peuple d'Israël. Les grandes divisions de la Bible. Moïse et les juges.

Le royaume de David et de Salomon : Jérusalem et le Temple.

Le schisme des dix tribus ; destruction des deux royaumes.

LES PHÉNICIENS

Sidon et Tyr. Les comptoirs commerciaux : Carthage. Les voyages au long cours. Le périple de l'Afrique et les îles Cassitérides. L'Alphabet.

LES PERSES

L'Elam. Les Mèdes et les Perses. Description de l'Iran. Cyrus et Darius Ier. Le grand roi maître de l'ancien Orient. Suse et Persépolis. L'art perse. Organisation de l'empire des Perses, les satrapies. Religion, mœurs et coutumes.

II

LA GRÈCE

Description de la Grèce ancienne et du littoral de la Méditerranée orientale.

Le préhellénisme : civilisation crétoise et mycénienne ; les Achéens et les origines homériques.

Les cultes primitifs [1] ; le culte des dieux olympiques. La guerre de Troie et les poèmes d'Homère. Principaux mythes. Les héros : Héraklès, Thésée, Œdipe, les Argonautes, les Atrides.

La Grèce archaïque : Doriens et Ioniens. Les villes grecques d'Asie et du Pont-Euxin. Colonies de la Grande-Grèce, de la Sicile, de l'Afrique et de la Gaule.

Les institutions panhelléniques. Le culte ; les sanctuaires : Délos, Delphes, Olympie, Epidaure. Les oracles et les grands jeux nationaux. Les amphictyonies. Absence d'unité hellénique.

Sparte : Lycurgue. Les mœurs, les rois, le sénat, les éphores. Les guerres de Messénie. Sparte prépondérante dans le Péloponèse.

Athènes : les premiers temps. La royauté, le gouvernement

[1]. Une entente sera indispensable, en sixième et en cinquième, entre le professeur d'histoire et le professeur de lettres pour assurer aux élèves les premières notions élémentaires de mythologie antique.

des Eupatrides. Solon. La tyrannie à Athènes; Pisistrate. La chute des Pisistratides et les réformes de Clisthènes.

Les guerres médiques : Marathon. Salamine, Platées. Miltiade. Thémistocle et Aristide.

[...] l'empire maritime d'Athènes, Périclès.

III

Suprématie d'Athènes. La démocratie athénienne. Les citoyens, les métèques, les esclaves. Le gouvernement de la cité; les magistrats, les assemblées, les tribunaux.

La civilisation depuis le sixième siècle. Les poètes, les philosophes, les historiens, les fêtes et les représentations théâtrales, la poésie dramatique.

Les arts, les débuts de l'art grec. L'Acropole, Phidias, le Parthénon.

La vie privée athénienne, l'industrie, le commerce athénien, le Pirée.

IV

La guerre du Péloponèse. Alcibiade, Lysandre, prise d'Athènes. La tyrannie des Trente. La mort de Socrate.

Suprématie de Thèbes : Épaminondas.

La Macédoine : Philippe et Démosthène, bataille de Chéronée.

L'expédition d'Alexandre. Conquête de l'empire perse.

Le démembrement de l'empire d'Alexandre. Diffusion de l'esprit grec en Orient, Alexandrie, Pergame.

Les derniers temps de la Grèce indépendante. La conquête romaine. Pydna et Corinthe.

Revision des principaux faits et de la chronologie.

Géographie.

(1 heure commune aux sections A et B.)

Géographie générale, Amérique, Australasie.

(Le professeur veillera à ce que les élèves acquièrent une connaissance précise et sûre de la nomenclature indispensable.)

I

Géographie générale. — Le globe. — Notions élémentaires sur les pôles, l'équateur, les zones terrestres. Répartition des terres et des mers.

Les terres : montagnes, plateaux et plaines, volcans, tremblements de terre.

Les mers : marées et courants. Les côtes.

Les climats : vents, pluies, températures.

Les eaux terrestres : glaciers, torrents, fleuves et lacs.

Les principales zones de végétation, la répartition des animaux et des hommes.

Les races humaines, la vie sauvage et la vie civilisée.

II

Les terres polaires. — Notions élémentaires.

Amérique. — Notions de géographie physique (présentées dans l'ordre adopté pour l'exposé des notions de géographie générale) ; notions de géographie politique et économique (insister sur le Canada, les États-Unis, le Mexique, le Brésil, les États de la Plata et le Chili). Relations avec l'Europe, l'Asie et l'Océanie.

Australasie. — Australie, Nouvelle-Zélande, principaux archipels de l'océan Pacifique (l'étude de l'Insulinde sera rattachée à l'étude de l'Asie).

Exercices pratiques.

(1 heure facultative en A, obligatoire en B.)

Pour l'emploi de cette heure, le professeur devra se reporter aux instructions.

HISTOIRE. — L'Orient et la Grèce : arts et civilisation.

GÉOGRAPHIE. — Travaux pratiques : cartes et croquis.

Langue vivante.

(5 heures.)

Cours communs aux sections A et B (4 heures).

PRONONCIATION. — Exercices pratiques en vue de l'audition et de l'émission correcte des sons de la langue étrangère, voyelles, consonnes, diphtongues, accent tonique, rythme de la phrase.

Vocabulaire. — L'enfant à l'école; le temps et ses divisions, les nombres (exercices élémentaires); le corps humain; la maison et la famille.

Exercices collectifs et répétition individuelle; interrogation mutuelle; conversation à l'aide des petites phrases étudiées. Lecture, explication et récitation de textes très faciles; chant.

On commence le cahier de récitations qui suivra l'élève dans tout le cours des études.

Grammaire. — Éléments nécessaires pour faire des phrases très simples.

Exercices écrits. — Accord, temps et modes essentiels de la conjugaison; phrases à compléter, petites dictées préparées.

Auteurs. — Textes très faciles, tirés de la littérature enfantine consacrée par l'usage ou des grands écrivains.

Exercices pratiques.

Spéciaux à la section B (1 heure).

Exercices sur les notions enseignées au cours commun.

Mathématiques.

(2 heures communes à A et B.)

Revision des opérations sur les nombres entiers.

Exercices de calcul mental. Conditions de divisibilité par 2, 5, 9, 3.

Problèmes sur les grandeurs représentées par des nombres entiers.

Fractions de grandeurs, notion de fraction, fractions égales, réduction de plusieurs fractions au même dénominateur.

Problèmes sur les fractions de grandeurs, opérations sur les fractions, fractions décimales, nombres décimaux.

Sciences naturelles.

(2 heures.)

Cours communs (1 heure).

Premier semestre : *Zoologie*.

Description très sommaire de l'homme. (Environ trois leçons.) — I. Races humaines, forme et constitution générale. Peau, organes des sens. — II. Squelette et muscles. Nerfs, moelle épinière et cerveau. — III. Viscères : leur position, leurs formes, leur rôle.

Les vertébrés. — Étude de quelques espèces qu'il est facile de se procurer. Leurs mœurs : rapports de leur organisation avec le mode de vie (insister presque exclusivement sur les organes de locomotion et de mastication).

Utilisation de ces espèces par l'homme.

Comparaison des espèces étudiées : établissement progressif de leur classification (mammifères, oiseaux, reptiles, batraciens, poissons).

Définition des vertébrés.

Deuxième semestre : *Botanique*.

Étude de quelques espèces de plantes à fleurs, ligneuses et herbacées, qu'il est facile de se procurer. Mode de vie et rapports de l'organisation avec celui-ci en dehors de toute préoccupation de classification.

Distinction de la racine, de la tige, de la feuille : bulbes et tubercules, tiges souterraines; troncs des arbres, zones d'accroissement, cœur et aubier, bourgeons. Taille, bouturage, marcottage et greffe.

Utilisation des racines, des tiges et des feuilles par l'homme.

Les parties de la fleur; diverses sortes de fleurs.

Transformation de la fleur en fruit : constitution et germination des graines.

Utilisation par l'homme des fleurs et des fruits.

Exercices pratiques.

Spéciaux à la section B (1 heure).

Pour l'emploi de cette heure, le professeur se reportera aux instructions.

Dessin.

(2 heures.)

(Le maître n'aura pas à introduire dans la classe tous les modèles, ni tous les détails des exercices proposés. Il appartient à son initiative d'y faire un choix raisonné, approprié à son goût et aux moyens de ses élèves. On a voulu simplement indiquer la variété considérable des exercices que l'on peut entreprendre pour tenir en haleine la curiosité des esprits et affiner le sens de l'observation.)

I. — Dessins faits en classe d'après des modèles :

a) Objets usuels simples ;

b) Échantillons de zoologie et de botanique ;

c) Modèle vivant vêtu ;

d) Modèles tirés de l'histoire de l'art (en sixième, tirés des monuments égyptiens, chaldéens, assyriens, perses et grecs et, de plus, en cinquième, des monuments romains).

II. — Arrangements décoratifs.

III. — Dessins et croquis de mémoire.

IV. — Dessins faits hors de la classe (crayon, pastel, aquarelle, etc.).

V. — Modelage.

CLASSE DE CINQUIÈME

Langue française.

(7 heures.)

Cours communs (4 heures).

Cours spéciaux à la section B (5 heures).

ÉTUDE DE LA LANGUE

Grammaire, orthographe, vocabulaire[1].

Étude méthodique du vocabulaire. Formes réelles et formes écrites.

Étude de la dérivation et de la composition.

Révision des fonctions des mots dans la proposition. Étude plus détaillée des fonctions des propositions dans la phrase.

(En même temps que l'étude des fonctions, on continuera celle des prépositions et des conjonctions.)

La ponctuation.

Étude détaillée du pronom et de l'adjectif.

L'adverbe.

EXERCICES D'APPLICATION

Étude de l'orthographe, de la ponctuation : exercices oraux et dictées suivies de questions d'analyse (les textes dictés ne seront choisis que dans les meilleurs écrivains).

Étude orale du vocabulaire français, à propos des textes français ou latins.

Lectures courantes et explication de textes.

---

[1]. Voir la note placée au bas du programme de grammaire en sixième.

Récitation de textes précédemment expliqués.

Exercices sur les ressources de la langue française pour exprimer une même pensée par des formes grammaticales et des tours divers.

Brefs exercices oraux ou écrits d'observation et de description.

Petits exercices consistant à reproduire des récits lus en classe et commentés comme modèles.

Nota. — Dans tous les exercices de la classe, le professeur devra exiger que les élèves s'expriment en phrases complètes et correctes.

AUTEURS

Morceaux choisis de prose et de vers des classiques français (recueil de 6ᵉ, 5ᵉ et 4ᵉ).

Récits extraits des prosateurs et poètes du moyen âge mis en français moderne (livre de lecture et d'explication cursive).

Corneille : Scènes choisies.

La Fontaine : *Fables* (choisies dans les livres IV, V et VI).

Molière : Scènes choisies.

Racine : *Esther*. — *Les Plaideurs*.

Fénelon : *Fables : Dialogues des morts*. — *Télémaque*.

Contes et récits en prose extraits des écrivains du dix-septième et du dix-huitième siècles.

Choix de poètes du XIXᵉ siècle.

RÉPARTITION DES EXERCICES ENTRE LES COURS COMMUNS ET LES COURS SPÉCIAUX A « B »

Les professeurs devront répartir les divers exercices de langue française de telle manière que les cours spéciaux à B comportent des exercices de haute valeur éducative et constituent un enseignement de compensation du latin. La répartition suivante est donnée à titre d'indication.

Cours communs : récitation et explication de textes littéraires (2 heures).

Préparation et correction de devoirs (2 heures).

Cours spéciaux à B : compte rendu de lectures dirigées (1 heure).

Travaux dirigés de grammaire et d'orthographe (1 heure). Leçons et interrogations.

Exercices oraux et correction d'exercices écrits de langage et de style. Correction de devoirs (1 heure).

Langue latine.

(6 heures.)

ÉTUDE DE LA LANGUE

Revision des déclinaisons et des conjugaisons régulières. Déclinaisons et conjugaisons irrégulières.

Syntaxe d'accord et syntaxe de complément, propositions principales et propositions subordonnées.

La construction latine comparée à la construction française, d'après des exemples tirés des textes expliqués.

EXERCICES D'APPLICATION

Explication et récitation de textes.

(L'explication sera toujours suivie de la lecture expressive du texte latin dans son ensemble.)

Exercices oraux et écrits de thème et de version.

AUTEURS

De Viris illustribus urbis Romæ (1ᵉʳ semestre).

Selectæ e profanis scriptoribus historiæ (prose et vers : édition simple et de difficulté graduée).

Phèdre : Fables choisies (2ᵉ semestre).

Cornelius Nepos.

Préliminaire de l'étude du grec.

En fin d'année, par quelques leçons prises sur les heures de lettres, le professeur préparera ses élèves à la transition du français et du latin au grec.

Il montrera, par quelques exemples très simples, pourquoi et comment l'étude de la langue et de la littérature latines doit être complétée par celle de la langue et de la littérature grecques.

Il fera de même pour le français, en insistant aussi bien sur le rôle du grec dans la formation du vocabulaire savant et technique moderne que sur la part des légendes grecques dans notre littérature.

Il pourra s'aider, pour cette initiation, de quelques lectures de traductions ou d'adaptations modernes d'auteurs grecs, de premières comparaisons entre des œuvres antiques et des œuvres modernes (fables d'Ésope, de Phèdre, de La Fontaine, *Dialogues des morts*, de Lucien et de Fénelon, etc.), de vues de monuments de l'art grec, etc.

Bref, il éveillera, par tous les moyens à sa disposition, un commencement d'intérêt pour l'étude du grec.

Histoire.

(2 heures communes à A et B.)

Histoire romaine.

I

Description de l'Italie. Les anciennes populations. Les Étrusques. Les colonies grecques.

Les Latins. Traditions sur la Rome primitive, les rois.

La cité primitive : la *gens*, le sénat, le patriciat, la plèbe, Servius Tullius.

La religion romaine primitive. Les dieux, le culte.

Abolition de la royauté. Le Consulat et la dictature. Lutte des patriciens et des plébéiens. Le tribunat de la plèbe.

Les décemvirs. La loi des douze tables. La censure. L'égalité politique. La préture.

L'armée romaine : le camp, le triomphe.

Conquête de l'Italie. Les colonies ; les voies militaires.

Rome et Carthage. La première guerre punique ; Hamilcar.

La seconde guerre punique. Hannibal et Scipion l'Africain. Zama.

La vie politique à Rome. Le Sénat ; une séance du Sénat. Les comices ; une assemblée du peuple. Le Forum.

II

Conquête du bassin de la Méditerranée orientale. Philippe de Macédoine. Antiochus de Syrie.

Conquête de la Méditerranée occidentale, Espagne ; Gaule méridionale ; Carthage : Scipion Émilien.

Conséquences politiques et sociales des conquêtes. L'hellénisme à Rome. Transformation religieuse, morale, littéraire. Caton le Censeur.

La noblesse; l'ordre équestre; la nouvelle plèbe. La grande propriété et l'esclavage.

Les mœurs romaines : l'habitation; le vêtement; les repas et les jeux. La vie dans les provinces; les publicains.

Les Gracques; les lois agraires.

Marius; Jugurtha et les Cimbres.

La rivalité de Marius et de Sylla; les proscriptions; les lois cornéliennes.

Pompée. Les triomphes en Orient; Mithridate; Cicéron; Verrès et Catilina.

César. Le premier triumvirat. La conquête des Gaules. Vercingétorix.

La guerre civile, Pharsale. Dictature de César.

Octave et Antoine. Le second triumvirat. Actium.

III

Auguste. Organisation du nouveau régime politique. La défense des frontières; luttes contre les Germains. Varus.

Les lettres et les arts au siècle d'Auguste : Virgile, Horace, Tite-Live.

L'empire au premier siècle : Tibère, Néron, les Flaviens.

Les Antonins : Trajan, Hadrien, Antonin, Marc-Aurèle.

Le gouvernement et l'administration de l'empire : les provinces. Les frontières du Rhin, du Danube, de l'Euphrate. La paix romaine.

La vie romaine sous l'empire. Les spectacles, le cirque, l'amphithéâtre, Pompéi. Les lettres depuis la mort d'Auguste. Sénèque, Pline le Jeune, Tacite.

Le christianisme; l'Église primitive; les martyrs.

L'empire au troisième et au quatrième siècle : le nouvel empire romain. Les préfectures. Les curiales. Le christianisme triomphant; les évêques et les conciles. Les Pères de l'Église.

Le monde barbare au delà du Rhin et du Danube. Mœurs des Germains; les invasions du troisième au cinquième siècle.

Alaric et les Visigoths; Attila et les Huns. Ruine de l'empire d'Occident.

Revision des principaux faits et de la chronologie, avec indication des synchronismes entre la Grèce et Rome.

Géographie.
(1 heure commune aux sections A et B.)

Asie et Insulinde. — Afrique.

Notions de géographie physique présentées dans l'ordre adopté pour l'exposé des notions de géographie générale; notions de géographie politique et économique (le professeur n'est tenu d'insister que sur les principaux États). Relations avec l'Europe, avec l'Océanie et avec l'Amérique.

Exercices pratiques.
(1 heure, facultative en A, obligatoire en B.)

Pour l'emploi d cette heure, le professeur devra se reporter aux instructions.

HISTOIRE. — Rome : arts et civilisation.

GÉOGRAPHIE. — Chine, Japon, Cambodge, Inde; arts et civilisation.

Langues vivantes.
(5 heures.)
Cours communs aux sections A et B (4 heures).

PRONONCIATION. — Voir les indications données pour la sixième.

VOCABULAIRE. — La campagne; la nature; la ville; la société; vie intellectuelle et morale, professions et métiers.
Notions sommaires sur la géographie du pays étranger.

LECTURE. — L'explication faite en langue étrangère est toujours précédée et suivie de la lecture soigneusement articulée, accentuée et rythmée du passage.

RÉCITATION ET CHANT. — Le vocabulaire acquis est assimilé à l'aide des différents types d'interrogations (collective, mutuelle, individuelle), afin d'aboutir à la conversation.

GRAMMAIRE. — On reverra, on complétera, on coordonnera les notions précédemment acquises. Étude plus détaillée de la déclinaison, de la conjugaison, de la construction. Verbes forts usuels.

EXERCICES ÉCRITS. — Exercices grammaticaux plus complexes. Dictées préparées.

AUTEURS. — Textes faciles. Voir programme de sixième.

Exercices pratiques.

Spéciaux à la section B (1 heure).

Exercices sur les notions enseignées au cours commun.

Mathématiques.

(2 heures communes à A et B.)

Système métrique[1]. Longueurs, aires, volumes, poids, densités, monnaies. Temps, vitesse.

Exercices simples de changements d'unités. Règles de trois par la méthode de réduction à l'unité. Intérêt simple. Exemples relatifs à l'escompte et aux rentes.

Emploi des lettres pour représenter des nombres.

Problèmes simples conduisant à une équation du premier degré.

Sciences naturelles.

(2 heures.)

Cours communs (1 heure).

Premier semestre : *Zoologie.*

Les invertébrés. — Étude (sur le même plan que pour les vertébrés en sixième) de quelques espèces, qu'il est facile de se procurer.

Exemples d'insectes utiles ou nuisibles. d'araignées, de crustacés. Définition des articulés.

Exemples de mollusques communs. Espèces comestibles. Définition des mollusques.

Études d'espèces appartenant aux autres embranchements. Définition de ces embranchements.

Deuxième semestre : *Botanique.*

Les grandes divisions du règne végétal. — Étude sommaire de quelques familles de plantes à fleurs à l'aide d'espèces qu'il est facile de se procurer. Utilisation de ces plantes. Établissement progressif de leur classification.

Étude sommaire de fougères, de mousses, d'algues et de

---

1. On se bornera à des applications aux aires et aux volumes les plus simples.

champignons : danger de certains champignons. — Établissement progressif de la classification de ces plantes.

Exercices pratiques.

Spéciaux à la section B (1 heure).

Pour l'emploi de cette heure le professeur devra se reporter
aux instructions.

Dessin.

(2 heures.)

(Voir le programme de sixième.)

CLASSE DE QUATRIÈME

(Voir *Remarques générales* en tête des programmes.)

Langue française.

(7 heures.)

Cours communs (3 heures).

Cours spéciaux à la section B (4 heures).

ÉTUDE DE LA LANGUE

Grammaire, orthographe, vocabulaire[1].

Étude méthodique du vocabulaire.

Formes réelles et formes écrites.

Notions élémentaires sur l'origine et la formation des mots français. Accent tonique et doublets. Sens propre et sens figuré.

Valeur des temps et des modes. Leur emploi dans la proposition principale et dans la proposition subordonnée.

Études des rapports de circonstance dans la proposition et dans la phrase. Construction de la proposition et de la phrase. Phrase simple, phrase complexe. Place des mots et des membres de phrase : logique et harmonie. La phrase périodique, la liaison des phrases.

Notions élémentaires de versification (avec quelques exercices).

EXERCICES D'APPLICATION

Étude orale du vocabulaire français à propos des textes français ou latins. Étymologies.

Exercices sur les ressources de la langue française pour exprimer une même pensée par des formes grammaticales et des tours divers.

---

1. Voir la note placée au bas du programme de sixième

Lectures courantes et explication de textes.

Récitation de textes précédemment expliqués.

Lectures complémentaires faites hors de la classe et suivies de brefs comptes rendus ou d'interrogations, habituant les élèves à s'exprimer avec correction et aisance.

Rédactions simples, telles que descriptions, portraits, récits.

N. B. — Des notions élémentaires seront données, à l'occasion de chaque explication, sur l'auteur et son temps, où il sera toujours nettement situé. L'étude des textes sera utilisée comme initiation à la composition française.

AUTEURS

Morceaux choisis de prose et de vers des **classiques** français (recueil de 6ᵉ, 5ᵉ et 4ᵉ).

Chanson de Roland, mise en français moderne.

Corneille : Scènes choisies. — *Le Cid, Horace.*

La Fontaine : *Fables* (choisies dans les livres VII, VIII, IX).

Molière : Scènes choisies. — *Le Bourgeois gentilhomme.*

Racine : *Iphigénie, Athalie.*

Boileau : *Le Lutrin.*

Contes et récits en prose extraits des écrivains du xviiᵉ et du xviiiᵉ siècle.

Chateaubriand : Extraits.

Contes et récits en prose des auteurs du xixᵉ siècle.

Choix de poètes du xixᵉ siècle.

RÉPARTITION DES EXERCICES ENTRE LES COURS COMMUNS ET LES COURS SPÉCIAUX A « B »

Les professeurs devront répartir les divers exercices de langue française de telle manière que les cours spéciaux à B comportent des exercices de haute valeur éducative et constituent un enseignement de compensation du latin. La répartition suivante est donnée à titre d'indication.

Cours communs : récitation et explication de textes (2 heures).

Préparation et correction de devoirs (2 heures).

Cours spéciaux : compte rendu de lectures dirigées (1 heure).

Travaux dirigés de grammaire et d'orthographe (1 heure).

Leçons et interrogations. — Exercices oraux et correction d'exercices écrits de langage et de style. — Correction de devoirs (1 heure).

Langue latine.
(5 heures.)

ÉTUDE DE LA LANGUE

Revision de la grammaire. Etude plus complète de la phrase complexe et de la proposition subordonnée.

Dérivation et composition.

Notions de prosodie et de versification à propos de l'explication des textes (on fera scander et retourner des hexamètres et des pentamètres).

EXERCICES D'APPLICATION

Explication et récitation des textes (l'explication sera toujours suivie de la lecture expressive du texte latin dans son ensemble).

Thèmes écrits et oraux.

Versions.

AUTEURS·

Cornelius Nepos.
César : *De Bello Gallico*.
Cicéron : Récits anecdotiques et moraux extraits de ses œuvres.
Ovide : Extraits des *Métamorphoses*.
Virgile : *Enéide*, livres I, II, III.
Quinte-Curce.
Pages et pensées morales extraites des auteurs latins.

Langue grecque.
(3 heures.)

ÉTUDE DE LA LANGUE

Alphabet, contractions, rencontres de consonnes.

Déclinaisons (noms et adjectifs) des types les plus usuels. Articles et principaux déterminatifs.

Conjugaisons : εἰμί, λύω, et verbes contractés.
Premières règles élémentaires de syntaxe.
Dérivation et composition.

EXERCICES D'APPLICATION

Petits exercices écrits et oraux de thème et de version.

AUTEURS

Recueil de textes faciles.

Histoire.

(2 heures communes à A et B.)

Histoire de l'Europe et particulièrement de la France depuis la fin du cinquième siècle jusqu'à la guerre de Cent ans.

I

La Gaule, des origines à la fin du V⁰ siècle. Géographie. Civilisation.

L'Europe vers la fin du V⁰ siècle. Persistance de l'empire romain en Orient. Les Goths en Espagne, en Aquitaine et en Italie. Les Burgondes, les Francs avant Clovis. Les mœurs, les lois.

L'empire romain d'Orient au VI⁰ siècle. Justinien. Le despotisme impérial et la cour. L'église Sainte-Sophie. L'œuvre législative. La lutte contre les Barbares.

Clovis. Formation du royaume franc.

Mœurs de l'époque mérovingienne. Les rois (Chilpéric, Dagobert). Les ducs et les comtes, les maires du Palais, les évêques et la vie religieuse (Grégoire de Tours).

Les dernières invasions germaniques et la papauté, Lombards et Anglo-Saxons. Grégoire le Grand. Monastères et missions en Occident.

Les Arabes. Mahomet. Le Coran. L'empire arabe. La civilisation arabe.

Formation de la puissance carolingienne. Charles Martel. Pépin le Bref. Charlemagne. Le palais. Les assemblées. Les capitulaires. La renaissance carolingienne. L'armée et les conquêtes. Restauration de l'empire romain d'Occident :

différence avec l'ancien empire romain. Commencement du régime féodal.

II

Dissolution de l'empire carolingien : la France, l'Allemagne et l'Italie. Le traité de Verdun. Démembrement de l'empire en royaumes et des royaumes en principautés. Les duchés allemands.

Reconstitution de l'empire. Les Othons. Avènement de Hugues Capet. Faiblesse des quatre premiers capétiens. Le duché de Normandie et la conquête de l'Angleterre par le duc Guillaume. Puissance de la royauté normande.

La société féodale en France au XI⁰ et au XII⁰ siècle. L'hommage. Le fief. Seigneurs laïques et ecclésiastiques. La vie seigneuriale, le château; l'art de la guerre, la chevalerie, les guerres privées, la trêve de Dieu. Le régime seigneurial et la condition des paysans; le servage. Progrès des classes populaires. Origine et développement des villes. Les marchés et les foires. Le mouvement communal.

Les croisades : fondation du royaume de Jérusalem. La prise de Constantinople. Influence de la civilisation orientale sur l'Occident. La boussole. Le papier.

Lutte entre les papes et les empereurs. Grégoire VII. La querelle des investitures. Alexandre III et Frédéric Barberousse. Innocent III. Frédéric II.

III

L'Église aux XII⁰ et XIII⁰ siècles. La cour de Rome. Le clergé séculier. Les ordres monastiques. Saint Bernard. Les ordres mendiants. Saint François-d'Assise. Saint Dominique. La lutte contre l'hérésie : Vaudois et Albigeois. L'inquisition.

La France et l'Angleterre au XII⁰ et au XIII⁰ siècle. Louis VI et Louis VII; la cour du roi; l'extension du domaine. Fondation de l'empire angevin, le roi Henri II.

Philippe Auguste et Jean sans Terre. Bouvines. Les progrès du pouvoir royal en France; la justice, les baillis. La réaction aristocratique en Angleterre et la grande charte.

Le règne de Saint Louis.

Henri III et Simon de Montfort. Origine des institutions parlementaires en Angleterre.

Philippe le Bel et ses fils. Le Parlement de Paris. Lutte

contre Boniface VIII. Les assemblées des trois États. Édouard Ier et le parlement d'Angleterre.

La civilisation en Occident au XIIe et au XIIIe siècle. La civilisation matérielle. L'agriculture. Les métiers et les corporations. Le costume. Une ville : les remparts ; les rues, les maisons. Les mœurs. Le droit de vengeance et l'assurement. Pénitences et pèlerinages. Les fêtes, les jeux. Le mouvement intellectuel en France. Les études : l'université de Paris. Littérature latine et littérature en langue vulgaire. Les épopées. Joinville. L'art français ; les grandes églises ; les arts décoratifs.

La littérature et l'art en Italie : Dante, Giotto, persistance des influences antiques.

Révision des principaux faits et de la chronologie.

Géographie.

(1 heure commune aux sections A et B.)

La France et ses colonies.

(Dans cette classe la méthode régionale devra être écartée.)

I

La France : Géographie physique : sol et relief, climat, cours d'eau, mers et côtes, répartition des espèces végétales et animales.

Géographie politique : formation de la nation française ; anciennes provinces et départements. Répartition et mouvements de la population. Les villes. Traits caractéristiques de la géographie économique : agriculture, pêche, industrie, voies de communication, marine marchande, commerce intérieur et extérieur.

II

Pays de protectorat et colonies françaises : Maroc, Algérie, Tunisie, Afrique occidentale, Afrique équatoriale, Madagascar, Indochine, autres colonies.

III

La place de la France en Europe et dans le monde.

Exercices pratiques.

(1 heure, facultative en A, obligatoire en B.)

Pour l'emploi de cette heure, le professeur devra se reporter aux instructions.

Byzance, Arabes, Occident; arts et civilisation.

Langues vivantes.

(7 heures.)

Cours communs aux sections A et B (3 heures).

Prononciation. — On attachera une importance particulière à la diction.

Vocabulaire. — Révision. Lecture. Explication et récitation servent encore pour enrichir le vocabulaire oral, mais se pratiquent spécialement en vue de la rédaction.

Lecture expliquée. — Elle tient une plus grande place qu'auparavant. L'explication faite en langue étrangère est toujours précédée et suivie de la lecture soigneusement articulée, accentuée et rythmée.

Récitation. — Textes de prose et de poésie gradués et toujours pris chez les bons écrivains. Jusqu'ici on s'est contenté de nommer les auteurs des morceaux étudiés et de donner quelques dates. En quatrième, à propos de ces noms, on commencera de donner des notions d'histoire littéraire.

Grammaire. — Révision de la déclinaison, de la conjugaison.

Composition et dérivation. Préfixes et suffixes, particules et post-positions. Construction et développement de la phrase. Un manuel de grammaire, livre à consulter, sera mis entre les mains des élèves : ils y trouveront sous une forme systématique les règles et les paradigmes essentiels. Les professeurs d'un même établissement s'entendront pour choisir cette grammaire que l'élève gardera pendant toutes ses études.

Exercices écrits. — Résumé de pages lues; rédactions de sujets racontés en classe. Exercices grammaticaux. Les exercices de traduction prendront plus d'importance. On commencera à employer la version pour s'assurer que les textes ont été compris dans tous les détails. Cet exercice sera généralement préparé en classe pour éviter autant que possible le recours au dictionnaire.

Notions sommaires de littérature et de civilisation étrangère à propos des auteurs étudiés, qu'on s'attachera à toujours bien situer dans leur époque.

AUTEURS

Langue allemande.

Grimm : *Märchen*.
Bechstein : *Deutsche Märchen*.
Hauff : *Märchen*.
Nouvelles ou extraits de romans de Brentano, Hoffmann, Eichendorff, Chamisso, Mörike, Freytag, Storm, M. von Ebner-Eschenbach, G. Keller, Wildenbruch, Spitteler, etc.

Langue anglaise.

De Foe : *Robinson Crusoé*.
Swift : *Gullivers Travels*.
Lamb : *Tales from Shakespeare*.
Poe : *The gold Bug.* — *The Raven*.
W. Scott : *Ivanhoe* (extraits).
Stevenson : *The Bottle Imp*.
Kipling : *The first Jungle Book*.
Hawthorne : *The House of the Seven Gables* (extraits).

Langue italienne.

Silvio Pellico : *Le mie Prigioni*.
E. de Amicis : *Cuore* (pages choisies).
L. Pignotti, L. Clasio : *Favole*.
Giovanni Dupré : *Pensieri sull'arte et ricordi autobiografici*.
G. Giacosa : *Una partita a scacchi*.
Collodi : *Le aventure di Pinocchio.* — *Il viaggio di Giannettino in Italia*.

Langue espagnole.

Antonio de Solis : *Historia de la Conquista de Méjico*.
A. de Trueba : *Cuentos populares*.
Antologia de poesias liricas.
Fabulas y mentor en verso (coll. Menéndez Pidal, t. I).
Azorin : *Lecturas espanolas* (coll. Nelson).

Récits tirés des auteurs modernes (Pedro Antonio de Alarcon, Fernan Caballero, Juan Valera, Estébanez Calderon, Leopoldo Alas, Armando Palacio Valdès, Vicente Blasco Ibanez, etc.).

Cours spéciaux à la section B (4 heures).
(2e langue.)

En 4e commence l'étude de la deuxième langue étrangère. Cette langue ne sera pas considérée comme accessoire. Dans les quatre années qui séparent les élèves du baccalauréat, ils auront à acquérir une possession égale des deux langues qu'ils auront choisies. Ils auront a voir dans cette année de quatrième le programme des classes de sixième et cinquième (première langue). Le professeur adaptera la méthode à l'âge et au développement intellectuel des élèves déjà entraînés par l'étude d'une langue étrangère.

AUTEURS

On choisira parmi les ouvrages indiqués pour la 6e, 5e et 4e.

Mathématiques.

(5 heures communes à A et B.)

ARITHMÉTIQUE

Partie aliquote commune à deux grandeurs. Notion du P. G. C. D. et du P. P. C. M. de deux nombres.

Nombres premiers. — Règles pratiques pour la décomposition d'un nombre en produit de facteurs premiers, pour la recherche du P. G. C. D et du P. P. C. M.

Exercices sur le système métrique, les fractions ordinaires ou décimales, les grandeurs directement ou inversement proportionnelles.

Définition de la racine carrée. Règle pratique pour l'extraction de la racine carrée d'un nombre entier ou décimal, à moins d'une unité décimale d'un ordre donné.

GÉOMÉTRIE

Ligne droite et plan. Segment de droite. Cercles. Angles. Usage de la règle, du compas, du rapporteur.

Triangles. Triangle isocèle. Cas d'égalité des triangles.

Perpendiculaire et obliques. — Cas d'égalité des triangles rectangles.

Droites parallèles. Usage de l'équerre.

Somme des angles d'un triangle, d'un polygone convexe.

Parallélogramme. Rectangle. Losange. Carré. Trapèze.

Intersection d'un cercle et d'une droite. Tangente.

Cordes et arcs.

Comparaison de l'angle inscrit et de l'angle au centre correspondant à un même arc.

Positions relatives de deux cercles.

Constructions élémentaires sur la droite et le cercle.

Sciences naturelles.

(1 heure commune à A et B.)

Premier semestre : *Géologie générale.*

Notions sommaires sur les roches les plus communes en insistant sur celles de la région, avec indication de leur diversité d'origine (sédimentaire, éruptive, métamorphique). Exemples de minerais.

Phénomènes actuels étudiés en partant, autant que possible, d'exemples locaux. Action de l'eau sous toutes ses formes (pluie, eaux souterraines et superficielles, mers, glaciers). Action de l'atmosphère.

Volcans, mouvements du sol.

Deuxième semestre : *Les périodes géologiques.*

Notion de succession des ères géologiques. — Les grands traits de celles-ci et particulièrement de celles dont les formations sont représentées dans la région.

Grands groupes de fossiles, animaux ou végétaux, caractérisant chaque ère.

Modifications progressives de la surface du globe. Formation des chaînes de montagnes.

Histoire géologique sommaire de la région avec notion de ce qu'est une carte géologique.

Dessin.

(1 h. 1/2.)

Le maître n'aura pas à introduire dans la classe tous les modèles ni tous les détails des exercices proposés. Il appartient à son initiative d'y faire un choix raisonné, approprié à son goût et aux moyens de ses élèves. On a voulu simplement indiquer la variété considérable des exercices que l'on peut entreprendre pour tenir en haleine la curiosité des esprits et affiner le sens de l'observation.

I. — Dessins faits en classe, d'après des modèles :

a) Objets usuels simples;

b) Echantillons de zoologie et de botanique;

c) Modèle vivant vêtu;

d) Modèles tirés des monuments byzantins, arabes et des monuments d'art du moyen âge et, de plus, en troisième, de la Renaissance;

e) Croquis perspectifs d'après des modèles utilisés pour le dessin géométrique.

II. — Arrangements décoratifs.

III. — Dessins et croquis de mémoire.

IV. — Dessins faits hors de la classe (crayon, pastel. aquarelle, etc.), notamment illustrations de devoirs.

V. — Modelage.

CLASSE DE TROISIÈME

(Voir *Remarques générales* en tête des programmes.)

Langue française.

(7 heures.)

Cours communs (4 heures).

Cours spéciaux à la section B (5 heures).

ÉTUDE DE LA LANGUE[1] ET DE LA LITTÉRATURE

Étude de la grammaire et de la langue, poursuivie en particulier à propos des textes expliqués.

Notions sur la langue du moyen âge et ses origines latines.

Étude de la composition et du style, à propos des textes étudiés et des exercices oraux ou écrits : composition d'un développement; nécessité d'un plan simple et logique, enchaînement des idées.

Notions suivies sur l'histoire de la littérature française des origines au début du XVIe siècle (ces notions seront données à l'aide de l'explication de textes spécialement groupés à cet effet).

(A partir de cette classe, un précis d'histoire de la littérature française sera mis entre les mains des élèves.)

EXERCICES D'APPLICATION

Lecture et explication de textes.

Récitation de textes précédemment expliqués.

Lectures complémentaires faites hors de la classe, et suivies de brefs comptes rendus ou d'interrogations, habituant les élèves à s'exprimer avec correction et aisance.

1. Voir la note placée au bas du programme de grammaire de sixième.

Exercices oraux de résumés d'après des textes lus, ou de composition de plans sur des sujets donnés.

Exercices écrits de composition française : récits, lettres familières, questions simples de morale, analyses, etc. (le sujet du devoir français sera quelquefois accompagné d'un plan très bref).

AUTEURS

Morceaux choisis de prose et de vers des classiques français (ce second recueil servira pour les classes de 5e, 2e et 1re).

Chrestomathie du moyen âge.

Chefs-d'œuvre poétiques du XVIe siècle.

Portraits et récits extraits des prosateurs du XVIe siècle.

Corneille : Théâtre choisi.

La Fontaine : *Fables*.

Molière : Théâtre choisi.

Boileau : *Satires* et *Épîtres*.

Racine : Théâtre choisi.

Mme de Sévigné : Lettres choisies.

Voltaire : *Siècle de Louis XIV* (récits et anecdotes).

Chateaubriand : Extraits.

Lamartine : Extraits.

Victor Hugo : Extraits.

Michelet : Extraits de l'histoire et des œuvres diverses.

Contes et récits en prose des auteurs du XIXe siècle.

Choix de poètes du XIXe siècle.

RÉPARTITION DES EXERCICES ENTRE LES COURS COMMUNS ET LES COURS SPÉCIAUX A « B »

Les professeurs devront répartir les divers exercices de langue française de telle manière que les cours spéciaux à B comportent des exercices de haute valeur éducative et constituent un enseignement de compensation du latin. La répartition suivante est donnée à titre d'indication.

Cours communs : explication de textes du moyen âge, à propos desquels seront données les notions prescrites par le programme sur la langue du moyen âge et sur notre littérature jusqu'au début du XVIe siècle (1 heure).

Explication de textes des XVIe, XVIIe, XVIIIe et XIXe siècles (1 heure).

Corrections de devoirs (1 heure).

Cours spéciaux à la section B : notions complémentaires de langue et de littérature du moyen âge étudiées d'après les textes. Explication de textes du xvi⁰ siècle (1 heure).

Exercices oraux de grammaire, de langage, de composition et de style (1 heure).

Notions de civilisation et de littérature grecque et latine appuyées sur des lectures empruntées aux traductions (1 heure).

Langue latine.
(4 heures.)

ÉTUDE DE LA LANGUE ET DE LA LITTÉRATURE

Revision générale de la grammaire : étude particulière de la syntaxe de subordination.

Notions sur les caractères distinctifs de la phrase latine.

Notions de prosodie et de versification à propos de l'explication des textes (on fera scander des hexamètres et des pentamètres).

Notions élémentaires sur l'histoire de la littérature latine et sur la civilisation romaine à propos des versions et des explications des auteurs, qui seront toujours bien situés dans leur temps.

EXERCICES D'APPLICATION

Explication de textes (l'explication sera toujours suivie de la lecture expressive du texte latin dans son ensemble).

Récitation de textes précédemment expliqués.

Thèmes écrits et oraux.

Versions.

AUTEURS

Théâtre latin : Extraits.

Virgile : *Géorgiques* (principalement les épisodes). — *Énéide* (suite de l'explication des livres I⁰ à III).

Cicéron : Récits anecdotiques et moraux tirés de ses œuvres. — *Pro Archia*.

Salluste.

Narrationes.

Pages et pensées morales extraites des auteurs latins.

Langue grecque.
(5 heures.)

ÉTUDE DE LA LANGUE

Révision et complément de l'étude des déclinaisons et des conjugaisons.

Étude de la syntaxe.

EXERCICES D'APPLICATION

Explication de textes courts et faciles (l'explication sera toujours suivie de la lecture expressive du texte grec dans son ensemble).

Récitation de textes courts précédemment expliqués.

Thèmes d'application oraux et écrits.

Versions.

AUTEURS

Lucien : *Dialogue des morts* et extraits d'autres œuvres.
Xénophon : *Anabase* et extraits d'autres œuvres.
Hérodote : Extraits (3ᵉ trimestre).
Anthologie des poètes grecs (1) (3ᵉ trimestre).

Histoire.
(2 heures communes à A et B.)

Histoire de l'Europe et particulièrement de la France
pendant les XIVᵉ, XVᵉ et XVIᵉ siècles.

I

L'Europe vers 1328. — Puissance de la monarchie française et de la monarchie anglaise. La papauté à Avignon. Décomposition politique de l'Allemagne. Hongrois. Slaves. Bulgares. Roumains. L'invasion mongole. L'empire byzantin. Les États italiens. Chrétiens et Arabes en Espagne.

Les Valois et la guerre de Cent ans. — Les armées et les compagnies. Crécy, Calais, Poitiers. Le traité de Brétigny. Les Assemblées d'État et les impôts. Étienne Marcel. La Jacquerie.

1. Les anthologies sont destinées à faire connaître les textes qui ne sont pas inscrits expressément par ailleurs au programme des classes.

Charles V et Du Guesclin. Épuisement de la France et de l'Angleterre. Dévastations des routiers en France. La grande peste et ses conséquences. La révolte des travailleurs d'Angleterre en 1381.

La nouvelle féodalité des princes apanagés, Armagnacs et Bourguignons. Charles VI et sa cour. Azincourt.

Charles VII. Jeanne d'Arc. Armée permanente et artillerie royale. Expulsion des Anglais. Anarchie en Angleterre. Origine et caractère de la guerre des Deux-Roses.

La France à la fin de la guerre de Cent ans. — Dévastation de la France. Ruine de la petite noblesse. Progrès de la bourgeoisie et des paysans. Reconstitution du pouvoir monarchique. Interruption des Assemblées d'État. Puissance de la maison de Bourgogne. Les arts en France au XIVe et au XVe siècle. Éclat des cours princières. Les Van Eyck ; Fouquet ; Claus Sluter.

Affaiblissement de l'Église. — Wycliffe. Jean Huss. Le grand schisme d'Orient. Les conciles. Le gallicanisme et la pragmatique sanction de Bourges. Vaines tentatives de croisades : Nicopolis. Le pape Pie II.

II

Naissance de l'Europe moderne. — L'Europe orientale. Formation de l'empire ottoman. Les Turcs. Mahomet II. La prise de Constantinople. La Moscovie. Ivan III.

Louis XI. — La lutte contre Charles le Téméraire. Hégémonie de Louis XI en Occident. Gouvernement tyrannique. Anne de Beaujeu. Les États généraux de 1484.

La réaction monarchique en Angleterre. — Les Tudors.

Espagne. — Fin de la domination arabe et formation du royaume : Ferdinand et Isabelle.

Italie. — Tendance à la concentration. Venise, Milan, Florence, Naples, au XIVe et au XVe siècle.

Allemagne. — La constitution impériale. Le morcellement. L'affranchissement de la Suisse. Prospérité économique. La Hanse. Les villes. Nuremberg. Les arts. Alber Durer. Formation de la maison d'Autriche. Maximilien.

Les découvertes maritimes. — Christophe Colomb. Découvertes maritimes et empires coloniaux des Portugais et des Espagnols. Les voies du commerce ; les épices et l'or.

La politique européenne. — La diplomatie et les armées. Caractères et conséquences des guerres d'Italie sous Charles VIII et Louis XII. François Ier et Charles-Quint. Henri VIII et Soliman. Henri II. Abdication de Charles-Quint; traité de Cateau-Cambrésis.

Le pouvoir royal et la société en France au temps de François Ier et de Henri II. Le roi. La cour. Rôle du Parlement de Paris. Les finances. Les ordres privilégiés : le clergé et le concordat de 1516. La nouvelle noblesse; multiplication et vénalité des offices; richesse de la bourgeoisie. Les expéditions maritimes.

III

L'épanouissement artistique en Italie et en France. Les arts en Italie au XVe et au XVIe siècle. Brunelleschi, Donatello, Vinci, Raphaël, Michel-Ange, Titien. Les arts en France et l'influence italienne au xvie siècle. Châteaux et palais. Peintres. Sculpteurs. Décorateurs.

La renaissance littéraire et scientifique. — L'imprimerie. L'humanisme. Les précurseurs italiens. Pétrarque. Érasme, Guillaume Budé. Le Collège de France. Rabelais. Ronsard. Montaigne. Les sciences : Copernic.

La réforme protestante. — Luther. La paix d'Augsbourg. Les idées de réforme en France avant Calvin. Lefèvre d'Étaples. La Sorbonne. Calvin. Propagation du luthéranisme et du calvinisme. Henri VIII et l'anglicanisme.

La réforme catholique. - L'inquisition. La société de Jésus. Le concile de Trente.

Philippe II. — Lutte contre la réforme. Révolte des Pays-Bas. Formation des provinces unies. Décadence politique et économique de l'Espagne.

L'Angleterre sous Élisabeth. — Établissement de la monarchie protestante. Politique extérieure. Explorations. Commerce maritime. Shakespeare.

Les luttes religieuses en France. — Catherine de Médicis. Les partis. Les Guises. Coligny. L'Hospital. La Saint-Barthélemy. La Ligue. Henri IV. Lutte contre l'Espagne. Édit de Nantes. Sully. Reconstitution du royaume.

Revision des principaux faits et de la chronologie.

Géographie.

(1 heure commune à A et B.)

L'Europe.

I

Étude d'ensemble : géographie physique (sol et relief, climat, cours d'eau, mers et côtes, répartition des espèces végétales et animales); géographie anthropologique (races et nationalités), répartition de la population; superficie et population comparées des États européens.

II

Étude particulière des différents États : géographie physique et économique (on insistera surtout sur les principaux États; on groupera les puissances secondaires créées depuis 1918 en États baltiques, États danubiens, États balkaniques). (L'étude physique de l'Europe centrale pourra être abordée dans son ensemble et non par États.)

III

Grandes voies de communication européennes.
Relations de l'Europe avec le reste du monde.

Exercices pratiques.

(1/2 heure, facultative en A, obligatoire en B.)

Pour l'emploi de cette heure, le professeur devra se reporter aux instructions.

HISTOIRE. — Étude de quelques textes historiques.

GÉOGRAPHIE. — L'Allemagne et la Grande-Bretagne : paysages des diverses régions, villes anciennes, villes modernes.

Langues vivantes.

(7 heures.)

Cours communs aux sections A et B (3 heures).

PRONONCIATION. — Dans la classe de 5e et celles qui suivront l'enseignement de la prononciation ne devra pas être négligé. Le même souci de correction devra présider à tous les exercices.

Vocabulaire. — On s'informera des sujets traités par les autres professeurs et l'on s'en inspirera pour étendre le vocabulaire. Lectures et entretiens porteront maintenant sur la vie active, économique, morale, sociale en général, et plus particulièrement sur la vie du pays dont on étudiera la langue.

Grammaire — Revision. Résumé des adjectifs et des verbes, verbes composés, corrélation des temps; nuances des auxiliaires de mode. Étude et composition de phrases de plus en plus complexes.

Exercices oraux. — Lecture, récitation (voir la liste d'auteurs). Lectures complémentaires faites en dehors des classes et suivies de brefs comptes rendus; à l'occasion de tous ces exercices on donnera des notions sommaires sur les auteurs étudiés et sur leur époque.

Exercices écrits. — Versions et thèmes. Le thème sera utilisé pour contrôler le savoir grammatical; au moins pendant le premier semestre, on le préparera en classe, afin d'éviter autant que possible le recours au dictionnaire. Résumés, rédactions, descriptions, narrations, lettres. Correspondance scolaire avec l'étranger.

Cours spéciaux à la section B (4 heures).
(2e langue.)

Les élèves auront à voir dans cette classe les programmes de 4e et 3e (1re langue). Pour les auteurs, on puisera dans la liste dressée pour ces deux langues.

AUTEURS
(Même liste qu'en quatrième.)

Ajouter à la liste des auteurs anglais :
Miss Edgeworth : *Castle Rackrent.*

Art.

(1/2 heure commune à A et B.)

Cet enseignement ne devra en aucune manière consister en une histoire ni une nomenclature, mais dans la vision directe, l'étude, l'analyse des œuvres les plus expressives des grands artistes. Les centres d'études énumérés ci-dessous sont donnés à titre d'indications et de points de repère.

La Renaissance.

1. — La société française à la fin du moyen âge, d'après les peintres primitifs : miniatures de Fouquet.

2. — Le château fort et le château de la Renaissance : de Pierrefonds au château de Chambord.

3. — La sculpture de la Renaissance française : J. Goujon, Germain Pilon, les tombeaux de Saint-Denis.

4. — Les peintres flamands de Van Eyck à Quentin Matsys.

5. — Les peintres florentins de Masaccio à Botticelli.

6. — Léonard de Vinci.

7. — Michel Ange.

8. — Raphaël.

9. — Venise au XVᵉ siècle : les Bellini et Carpaccio.

10. — Giorgione et Titien.

11. — Corrège, Véronèse et Tintoret.

12. — L'architecture du XVIᵉ siècle : Saint-Pierre de Rome.

Mathématiques.

3 heures communes à A et B.

ARITHMÉTIQUE ET ALGÈBRE

Propriétés des sommes, différences, produits et puissances des nombres entiers ou fractionnaires.

Rapport de deux grandeurs. Grandeurs proportionnelles.

Notions concrètes sur les nombres positifs et négatifs; opérations; applications.

Monômes, polynômes, termes semblables; addition, soustraction, multiplication des monômes et des polynômes; division des monômes.

Équations numériques du premier degré à une ou deux inconnues.

GÉOMÉTRIE

Points qui partagent un segment de droite dans un rapport donné.

Droites parallèles et lignes proportionnelles.

Triangles semblables.

Relations métriques dans un triangle rectangle.

Propriétés des sécantes dans le cercle.

Construction de la quatrième proportionnelle et de la moyenne proportionnelle.

Polygones réguliers : carré, hexagone et triangle équilatéral.

Mesure de la circonférence du cercle (énoncé).

Mesure des aires du rectangle, du parallélogramme, du triangle, du trapèze, des polygones, du cercle.

Rapport des aires de deux triangles semblables.

Sciences naturelles.

(1 heure commune à A et B.)

I. — Notions d'anatomie et de Physiologie humaines.

Description sommaire des appareils et exposé très élémentaire des principales fonctions (cet enseignement ne devra pas dépasser les deux premiers mois de l'année scolaire).

II. — Hygiène. Notions de microbiologie.

Répartition des microorganismes parmi les êtres vivants : bactéries, champignons, protozoaires. Étude de quelques bactéries. Culture sur divers milieux : formes, structure, multiplication ; reproduction ; conditions d'existence.

La théorie de la génération spontanée : les expériences de Pasteur ; importance de ses découvertes. Les aérobies et les anaérobies. Applications : fermentations alcoolique, acétique, lactique, butyrique ; asepsie et antisepsie ; pansements.

Étude d'une maladie contagieuse, le charbon par exemple : historique ; le bacille du charbon ; son mode d'action ; sa transmission ; les expériences de Pasteur. Immunité, réceptivité. Le vaccin anticharbonneux. Étude sommaire de quelques maladies contagieuses : la variole, fièvre typhoïde, rage, diphtérie, tuberculose, paludisme. Précautions contre les contaminations ; stérilisation, désinfection.

L'alimentation. — Les principaux aliments de l'homme ; leur valeur nutritive ; les rations alimentaires de l'adulte et de l'enfant. Le menu d'un repas.

Les parasites des viandes. Empoisonnements par les aliments altérés. Champignons comestibles, champignons vénéneux.

L'eau potable. Contamination des eaux ; purification des eaux contaminées.

Les boissons fermentées. Boissons alcooliques, leur action physiologique; ivresse, ivrognerie.

Les boissons distillées, effets pathogéniques de leur usage abusif.

L'alcoolisme; déchéance de l'alcoolique et de sa descendance. Comment on devient alcoolique. La lutte contre l'alcoolisme.

L'air. — Quantité d'air nécessaire à la vie. Air confiné; air vicié; asphyxie; soins à donner en cas d'asphyxie. Poussières et microbes de l'air.

L'exercice musculaire. — Effets plastiques des attitudes et des mouvements habituels. Effets hygiéniques des exercices physiques. Inconvénients de leur défaut ou de leur abus.

La propreté corporelle. — Importance des fonctions de la peau. Nécessité des soins de propreté; bains et douches. Propreté des vêtements.

La demeure. — Description de la maison salubre. La maison insalubre.

Dessin.

(1 h. 1/2.)

(Même programme qu'en quatrième.)

CLASSE DE SECONDE

(Voir *Remarques générales* en tête des programmes.)

Langue française.

(5 heures.)

Cours communs aux trois sections : 3 heures.
Cours spéciaux aux sections A' et B : 2 heures.

ÉTUDE DE LA LANGUE[1] ET DE LA LITTÉRATURE

Étude de la grammaire et de la langue, poursuivie en particulier à propos des explications.

Étude de la composition et du style, à propos des textes étudiés et des exercices de composition; le mouvement du style; les images, les divers types de développements.

Notions suivies sur l'histoire de la littérature française, du début du XVI⁰ siècle au début du XVIII⁰ siècle (1715), à l'aide de l'explication de textes spécialement groupés à cet effet.

EXERCICES D'APPLICATION

Lecture et explication de textes.
Récitation de textes précédemment expliqués.

Lectures complémentaires, faites hors de la classe et suivies de brefs comptes rendus ou d'interrogations, habituant les élèves à s'exprimer avec correction et aisance.

Compositions françaises : narrations, lettres, petits sujets littéraires ou moraux.

AUTEURS

Morceaux choisis de prose et de vers des classiques français (même recueil pour les trois classes supérieures).

1. Voir la note placée au bas du programme de grammaire de sixième.

Chefs-d'œuvre poétiques du XVIe siècle.

Montaigne : Extraits.

Corneille : Théâtre choisi.

La Fontaine : *Fables.*

Molière : Théâtre choisi.

Boileau : Œuvres poétiques et extraits des œuvres en prose.

Racine : Théâtre choisi.

Bossuet : *Oraisons funèbres.*

La Bruyère : *Caractères.*

Choix de lettres du XVIIe siècle.

Voltaire : Lettres choisies. — *Siècle de Louis XIV.* — Extraits des Œuvres diverses.

J.-J. Rousseau : Extraits.

Lectures sur la société, extraites des mémoires et des correspondances des XVIIe et XVIIIe siècles.

Lamartine : Extraits.

A. de Vigny : Extraits.

Victor Hugo : Extraits.

Extraits des grands romanciers du XIXe siècle.

Extraits des grands moralistes français des XVIIe, XVIIIe et XIXe siècles.

Extraits des écrivains scientifiques.

Extraits des orateurs et des écrivains politiques.

RÉPARTITION DES EXERCICES ENTRE LES COURS COMMUNS ET LES COURS SPÉCIAUX AUX SECTIONS A′ ET B

Les professeurs devront répartir les divers exercices de langue française de telle manière que les cours spéciaux aux sections A′ et B comportent des exercices de haute valeur éducative.

Cours communs (3 heures).

Explication de textes des XVIe, XVIIe, XVIIIe et XIXe siècles. A propos de l'explication des textes des XVIe et XVIIe siècles, notions sur l'histoire de la littérature française de 1515 à 1715 (2 heures).

Correction de devoirs (1 heure).

Cours spéciaux aux sections A′ et B (2 heures) :

Explication complémentaire de textes des XVIe, XVIIe, XVIIIe et XIXe siècles (1 heure).

Exercices de composition française (plans) (1 heure).

Langue latine.

(4 heures dans les sections A et A'.)

ÉTUDE DE LA LANGUE ET DE LA LITTÉRATURE

Revision et compléments de la grammaire, en particulier à propos de l'explication des auteurs.

Notions complémentaires de versification à propos de l'explication des textes.

Notions élémentaires sur l'histoire de la littérature latine et sur la civilisation romaine, à propos des versions et des explications des auteurs, qui seront toujours bien situés dans leur temps.

EXERCICES D'APPLICATION

Explication de textes (l'explication sera toujours suivie de la lecture expressive du texte latin dans son ensemble).

Récitation de textes précédemment expliqués.

Thèmes.

Versions.

AUTEURS

Théâtre latin : Extraits.

Virgile : *Bucoliques.* — *Énéide.*

Horace : *Odes.*

Anthologie des poètes latins[1].

Cicéron : *Catilinaires.* — *Verrines.*

Tite-Live : *Troisième décade.*

Tacite : *Vie d'Agricola.* — *Germanie.*

Pline le jeune : Choix de lettres.

Anthologie des prosateurs latins jusqu'à la fin du IVe siècle après Jésus-Christ[2].

Pages et pensées morales extraites des auteurs latins.

Langue grecque.

(4 heures dans la section A.)

ÉTUDE DE LA LANGUE ET DE LA LITTÉRATURE

Revision générale de la grammaire.

Notions élémentaires d'accentuation.

1 et 2. Voir plus haut la note sur les anthologies (3e. auteurs grecs).

Notions élémentaires sur l'histoire de la littérature grecque et sur la civilisation grecque, à propos des versions et des explications des auteurs qui seront toujours bien situés dans leur temps.

EXERCICES D'APPLICATION

Explication de textes (l'explication sera toujours suivie de la lecture expressive du texte grec dans son ensemble).

Récitation de textes précédemment expliqués.

Thèmes et versions.

AUTEURS

Homère : *Odyssée*.

Euripide : Une tragédie ou extraits.

Hérodote : Extraits.

Xénophon : *Anabase*. — *Mémoires sur Socrate*. — *L'Economique*.

Platon : *Apologie de Socrate*. — *Criton*.

Plutarque : Une biographie ou extraits.

Pages et pensées morales extraites des auteurs grecs.

Histoire.

(2 heures communes, à A, A' et B.)

Le *XVII* et le *XVIII* siècles.

I

L'Europe au début du XVIIe siècle. La France en 1610. La frontière. Les résultats de la contre-réforme dans l'Europe centrale. La puissance de la maison de Habsbourg.

La politique européenne de 1610 à 1661. La guerre de Trente ans. La politique impériale; les belligérants; les armées (Wallenstein, Gustave-Adolphe); le rôle de la France: la paix de Wesphalie. La paix des Pyrénées et la décadence de l'Espagne.

La France de 1610 à 1661. La jeunesse de Louis XIII. Richelieu et les progrès de l'autorité royale. La régence d'Anne-d'Autriche. La Fronde. Le gouvernement de Mazarin. La société française. La renaissance catholique. La misère et la charité. Saint Vincent de Paul. Les arts et les lettres.

L'Angleterre de 1603 à 1660. Les deux premiers Stuart. La révolution. Cromwell.

Les Provinces-Unies vers le milieu du XVIIe siècle. L'organisation politique; la puissance économique; le mouvement intellectuel et artistique.

II

Le gouvernement de Louis XIV. La monarchie absolue. La cour à Versailles. Le gouvernement. L'administration des intendants. Colbert, Louvois, Vauban. Les affaires religieuses : le jansénisme; la déclaration de 1682; la révocation de l'édit de Nantes. Le prestige de la France en Europe : le siècle de Louis XIV.

L'Angleterre de 1660 à 1714. La restauration. La politique de Charles II. La révolution de 1688. La succession protestante. Le Royaume-Uni.

La politique de Louis XIV. Louis XIV et les Pays-Bas, Louis XIV et les Provinces-Unies. Les réunions et la coalition européenne contre la France. La succession d'Espagne; les traités d'Utrecht et Rastadt. La France à la mort de Louis XIV.

L'Europe centrale, orientale et septentrionale depuis le milieu du XVIIe siècle. Le recul des Turcs. Les origines de l'Etat prussien. La politique suédoise dans la Baltique. La Russie. Pierre le Grand.

La France pendant la première moitié du XVIIIe siècle. La régence : Law. Les affaires religieuses : la question financière; les parlements; la cour. La société et les salons. Les arts et les lettres. Les débuts de la propagande philosophique.

L'Angleterre sous George Ier et George II. Formation du régime parlementaire. Transformations économiques et sociales. Le réveil.

L'Europe centrale pendant la première moitié du XVIIIe siècle. L'Etat autrichien sous Charles VI. La Pragmatique sanction. Marie-Thérèse. La Prusse sous Frédéric-Guillaume Ier. L'avénement de Frédéric II.

La politique européenne pendant la première moitié du XVIIIe siècle. La question italienne. La succession de Pologne. La succession d'Autriche.

III

L'évolution des idées pendant la seconde partie du XVIIIe siècle: progrès scientifique; philosophes et économistes, encyclopédie, caractères du mouvement littéraire et artistique.

La fin du règne de Louis XV et les premières années du règne de Louis XVI. Les derniers essais de réforme : Choiseul, Maupeou, Turgot, le comte de Saint-Germain ; l'administration des intendants ; les difficultés financières ; le premier ministère de Necker.

L'Europe du milieu du XVIIIe siècle jusqu'à la Révolution française. — L'Angleterre sous George III ; la crise constitutionnelle. Le despotisme éclairé : Frédéric II, Joseph II, Catherine II.

La politique européenne et les questions coloniales après 1748. Le renversement des alliances, la coalition contre la Prusse. La rivalité maritime et coloniale en Amérique et dans l'Inde, le traité de Paris. La question d'Orient, partages en Turquie et en Pologne. Le soulèvement des colonies anglaises d'Amérique, et la formation des États-Unis ; les grandes explorations maritimes au XVIIIe siècle.

L'Europe à la veille de la Révolution française.

Géographie.

(1 heure commune à A, A' et B.)

Géographie générale.

I

ÉLÉMENTS DE GÉOGRAPHIE PHYSIQUE

La terre dans l'univers. Les époques géologiques (notions sommaires).

Le globe terrestre. Forme et dimensions de la terre. Représentation de la terre : globes et cartes. Zones terrestres. Répartition des terres et des mers.

L'élément solide. Différentes roches. Propriétés et ressources minérales des divers terrains. Origine et formes du relief (dislocation, montagnes, plateaux et pénéplaines).

L'élément liquide. L'eau des mers. Les mouvements des mers. La vie dans les mers. Les océans.

L'élément gazeux. L'atmosphère ; la température ; les vents ; les pluies, les climats.

Glaciers, eaux-courantes, ruissellement, torrents, érosions, alluvions, infiltrations.

Le contact des terres et des mers. Les différents types de
côtes.

Les modifications actuelles de la terre. Les actions internes;
volcans et tremblements de terre. Les actions externes;
érosion glaciaire; érosion éolienne; érosion fluviale; érosion
marine.

La répartition des espèces végétales et animales.

ÉLÉMENTS DE GÉOGRAPHIE ANTHROPOLOGIQUE

Place de l'homme dans l'histoire de la terre. L'homme pré-
historique. La vie sauvage.

L'homme et la nature. L'influence de la nature sur
l'homme; l'action de l'homme sur la nature. La vie civilisée:
élevage, agriculture et industrie.

La population actuelle du globe. Les races, les langues et
les religions. La répartition des hommes; leur nombre et leur
densité. Les variations de la population (natalité, mortalité,
émigration, immigration). Les centres de peuplement.

III

LA VIE ÉCONOMIQUE

Les éléments. Le blé, le riz, les céréales secondaires. Les
légumes et les fruits. La canne et la betterave à sucre. La
vigne, le thé, le café, l'élevage. La pêche.

Les textiles. La laine, la soie, le coton, les textiles secondaires.

Les produits forestiers. Les bois, le caoutchouc. Les oléa-
gineux.

Les minéraux et les métaux. Les métaux précieux (or et
argent). Les métaux utiles (fer, cuivre). Engrais minéraux.

Les sources d'énergie. La houille. Le pétrole. L'électricité.

Exercices pratiques.

(1 2 heure, facultative en A et A', obligatoire en B.)

HISTOIRE. — Quelques notions d'histoire locale.

GÉOGRAPHIE. — Excursions géographiques, travaux pratiques
de géographie.

Langues vivantes.

(8 heures.)

Cours communs aux sections A, A' et B (2 heures).

Cours spéciaux aux sections A, A' et B (2 heures)

Cours spéciaux à la section B (4 heures).

Cours communs aux sections A, A' et B (2 heures).

VOCABULAIRE ET GRAMMAIRE. — A l'étude du vocabulaire et de la grammaire, on ajoutera des notions succinctes d'histoire de la langue et quelques éléments de prosodie et de versification.

EXERCICES ORAUX. — Lecture expliquée. On étudiera plus en détail, au moyen de textes choisis, la vie politique, intellectuelle, morale, artistique du peuple étranger.

RÉCITATION. — Exposés faits par des élèves d'après des lectures personnelles et suivis d'une courte discussion. Il devra exister une bibliothèque de classe. A l'occasion des textes plus proprement littéraires, notions plus développées sur les auteurs et leur époque. On étudiera dans le détail les passages essentiels; on les reliera par des analyses, afin que les élèves aient une idée précise de l'œuvre dans son ensemble.

EXERCICES ÉCRITS. — Thèmes et versions. Récits, lettres, dialogues, discours, compositions sur des sujets faciles de morale ou de littérature.

Cours spéciaux aux sections A' et B (2 heures).

Une heure sera consacrée à l'étude de notions de la littérature étrangère et de la civilisation depuis les origines jusqu'à la fin du XVIIIe siècle, à l'aide de textes spécialement groupés à cet effet dans un ordre chronologique et méthodique.

Cours spéciaux à la section B, 2e langue (4 heures).

A l'entrée de cette classe, les élèves doivent être de force sensiblement égale dans les deux langues qu'ils ont étudiées. Le programme sera donc le même.

Langue allemande.

Lessing : *Minna von Barnheim*.
Gœthe : *Hermann und Dorothea*. — *Werther* (extraits). — *Italienische Reise* (extraits).
Schiller : *Wilhelm Tell*.

Langue anglaise.

Shakespeare : *Julius Cæsar*. — *The Merchant of Venice*.
Goldsmith : *The deserted village*.
Sheridan : *The school for Scandal*.
W. Irving : *The Sketch book*.
Tennyson : *Enoch Arden*. — *The brook*. — *Ulysses*. — *The lotos Eaters*.
Dickens : *A Christmas Carol*.
Stevenson : *Dr. Jekyll and Mr. Hyde*.
H.-G. Wells : *The Country of the Blind*.
Macaulay : Extraits des Essais sur Hampden, Hastings, Clive et Pitt.

W. Cowper : *The task* :
  I. — 127-366; 557-677; 678 696; 749-768.
  II. — 1-47, 596-666.
  III. — 290-351.
  IV.   1-243; 243-428; 429-488; 555-705; 781-801.
  V. — 1-126; 221-241; 271-520; 551-545; 462-496.
  VI. — 6-28; 57-86; 295 547; 580-600; 906-971, 1000 1005.

Langue italienne.

L'Ariosto : Episodes de l'*Orlando furioso*.
P. Metastasio : *La clemenza di Tito*. — *Attilio Regolo*.
Goldoni : *La Locandiera*. — *La Bottega del Caffe*.
Alfieri : *La Vita scritta da esso* (extraits).
A. Manzoni : *I promessi sposi*. — Œuvres poétiques (extraits).
Fogazzaro : *Piccolo mondo antico*.
B. Fucini : *Le veglie di Neri*.
G. Pascoli : Choix de poésies.

Langue espagnole.

El Lazarillo de Tormes.

Ercilla : *La Araucana* (extraits).

Cervantès : *Novelas.*

Juan Ruiz de Alarcon : *La verdad sospechosa.*

Francisco de Rojas Zorrilla : *Garcia del Castanar.*

Leandro Fernandez de Moratin : *El si de las ninas. — La comedia nueva.*

Mesonero Romanos : *Escenas Matritenses.*

R. Pérez Galdos : *Misericordia. — Trafalgar.*

S. y. j. Alvarez Quintero ; Teatro escogido (*El Patio. — Las Flores. — Malvaloca*).

Art.

(1/2 heure, facultative en A et A', obligatoire en B.)

Cet enseignement ne devra en aucune manière consister en une histoire ni une nomenclature, mais dans la vision directe, l'étude, l'analyse des œuvres les plus expressives des grands artistes. Les centres d'études énumérés ci-dessous sont donnés à titre d'indications et de points de repère.

XVII° et XVIII° siècles.

1. — Paris sous Henri IV et Louis XIII; le Louvre.

2. — Poussin et Claude Lorrain.

3. — Versailles.

4. — La Flandre ; Rubens.

5. — La société hollandaise d'après les peintres du XVII° siècle (portraitistes, paysagistes, peintres d'intérieur).

6. — Rembrandt.

7. — L'Espagne: Velasquez, Murillo.

8. — La Régence: Watteau.

9. — Paris sous Louis XV; Chardin, La Tour.

10. — Sculpteurs du XVIII° siècle: Houdon.

11. — Les villes de province au XVIII° siècle; Nancy, Bordeaux, Montpellier.

12. — Le mobilier français aux XVII° et XVIII° siècles; caractères principaux des styles et leur filiation.

Mathématiques.

(4 heures communes à A, A' et B.)

ALGÈBRE

Problèmes et interrogations sur le programme de la classe précédente.

Résolution et discussion d'une équation du premier degré à une inconnue. Inégalité du premier degré.

Coordonnées. Etude et représentation graphique de la fonction $y = ax + b$.

Résolution et discussion d'un système de deux équations du premier degré à deux inconnues.

Utilisation des représentations graphiques pour la résolution du problème précédent et la résolution d'inégalités du premier degré à une ou deux inconnues.

Problèmes : mise en équations: discussion des résultats.

GÉOMÉTRIE (figures planes).

Ligne droite. — Segment de droite, demi-droite.

Angles, angle droit, droites perpendiculaires. Mesure des angles.

Triangles. Triangle isocèle. Lieu géométrique des points équidistants de deux points. Cas d'égalité des triangles.

Perpendiculaire et obliques. Triangles rectangles. Cas d'égalité. Lieu géométrique des points équidistants de deux droites.

Droites parallèles.

Somme des angles d'un triangle, d'un polygone convexe.

Parallélogramme. Trapèze.

Figures symétriques par rapport à un point ou à une droite.

Deux figures planes symétriques sont égales.

Cercles. — Intersection d'un cercle et d'une droite. Tangente.

Cordes et arcs.

Positions relatives de deux cercles.

Proportionnalité des angles au centre et des arcs interceptés. Radian. Angles inscrits. Angles intérieurs. Angles extérieurs. Segment capable d'un angle donné.

Constructions sur la droite et le cercle.

Longueurs proportionnelles. — Points partageant un segment dans un rapport donné. Définition de la division harmonique.

Droites parallèles et lignes proportionnelles.

Triangles semblables. Polygones semblables.

Propriétés des bissectrices d'un triangle. Lieu géométrique des points dont le rapport des distances à deux points fixes est constant.

Relations métriques dans un triangle rectangle et dans un triangle quelconque.

Sinus, cosinus, tangente et cotangente des angles compris entre 0 et 2 droits. Table des valeurs naturelles.

Lignes proportionnelles dans le cercle. Quatrième proportionnelle. Moyenne proportionnelle.

Polygones réguliers convexes. Inscription dans le cercle du carré, de l'hexagone et du triangle équilatéral, du décagone et du pentagone. Deux polygones réguliers d'un même nombre de côtés sont semblables. Rapport de leurs périmètres.

Longueur d'un arc de cercle. Rapport de la circonférence au diamètre. Calcul de π (on se bornera à la méthode des périmètres).

Aires. — Mesure des aires du rectangle, du parallélogramme, du triangle, du trapèze, d'un polygone quelconque.

Rapport des aires de deux polygones semblables.

Aire d'un polygone régulier convexe. Aire d'un cercle, d'un secteur, d'un segment de cercle. Rapport des aires de deux cercles.

Physique et chimie.

(2 h. 1/2 communes en A. A' et B.)

PHYSIQUE

Divers états de la matière : exemples de solides, liquides et gaz. Passage d'un état à un autre.

Notions expérimentales de la force, du travail, de la puissance; exemples et données numériques. Unités usuelles de force, de travail et de puissance.

Principe de la conservation du travail dans l'équilibre des machines simples : poulie, levier, plan incliné, treuil.

Énoncé — sans démonstration — des règles de composition des forces concourantes et des forces parallèles.

Pesanteur. — Poids, verticale, centre de gravité, dynamomètre, balance. Poids spécifique des solides et des liquides : principe de la méthode du flacon.

Équilibre des liquides et des gaz. — Force exercée sur une portion de paroi : pression, unité usuelle de pression.

Principe de Pascal et variation de la pression avec la profondeur; applications, exemples.

Pression atmosphérique. — Principe du baromètre à mercure, baromètre métallique.

Manomètre à air libre, manomètre métallique, instruments enregistreurs.

Principe d'Archimède : application à la mesure des poids spécifiques. Corps flottants; aéromètres à poids constant; aérostats.

Chaleur. — Température, thermomètre à mercure, détermination des points fixes.

Notion de quantité de chaleur, mesure des quantités de chaleur par la méthode des mélanges. Mesure des chaleurs spécifiques des solides et des liquides.

Dilatation des solides; définition des coefficients de dilatation. Dilatation des liquides; dilatation absolue du mercure. Existence du maximum de poids spécifique de l'eau. Usage des coefficients de dilatation.

Compressibilité des gaz; la loi de Mariotte donnée comme une première approximation; mélange des gaz.

Dilatation des gaz à pression constante et variation de pression à volume constant : relation $\dfrac{pv}{1 - \alpha t} = c^{\text{te}}$.

Densité des gaz (simple définition).

Fusion, point de fusion, chaleur de fusion.

Notions élémentaires sur la vaporisation des liquides. Pression maxima des vapeurs, variation avec la température. Evaporation, ébullition, distillation simple. Définition de la chaleur de vaporisation.

Principe de la liquéfaction des gaz : existence d'une température critique.

CHIMIE

Eau, composition, hydrogène, oxygène.

Air, expérience de Lavoisier, azote.

Electrolyse du chlorure de sodium; chlore, sodium, soude caustique.

Acide chlorhydrique.

Analyse, synthèse, mélange, combinaison.

Corps simples : métalloïdes, métaux ; corps composés.

Principe de la conservation de la matière; loi des proportions définies, loi des volumes.

Symboles, notation atomique, formules.

Soufre, anhydride sulfureux, anhydride sulfurique, acide sulfurique, acide sulfhydrique.

Acide azotique.

Ammoniaque.

Acide phosphorique, phosphore.

Charbons, carbone, anhydride carbonique et oxyde de carbone.

Dessin.

(2 heures facultatives en A et A′ obligatoire en B, 1er semestre seulement.)

(Le maître n'aura pas à introduire dans la classe tous les modèles ni tous les détails des exercices proposés. Il appartient à son initiative d'y faire un choix raisonné, approprié à son goût et aux moyens de ses élèves. On a voulu simplement indiquer la variété considérable des exercices que l'on peut entreprendre pour tenir en haleine la curiosité des esprits et affiner le sens de l'observation.)

I. — Dessins faits en classe :

a) Le modèle vivant, vêtu : études d'ensemble et de détails;

b) Dessin d'après la bosse; figures et monuments de l'antiquité, du moyen âge de la Renaissance, des temps modernes et contemporains[1];

c) Études d'après les dessins des grands maîtres (figures humaines et paysages);

d) Dessins et croquis perspectifs d'instruments de physique, d'organes de machines, de détails d'architecture;

e) Dessin à la loupe et d'après le microscope;

f) Dessin et croquis de paysage, sous la direction du professeur.

---

1. On ne négligera pas de s'inspirer, autant que possible, des monuments locaux.

II. — Arrangements décoratifs.

III. — Dessins et croquis de mémoire.

IV. — Dessins faits hors de la classe (crayon, pastel, aquarelle, etc.)

V. — Modelage.

VI. — Étude de reproductions d'œuvres d'art. Visite des musées et des monuments.

Nota. — Il n'a pas été fait mention ici du dessin géométrique ni des croquis cotés, qui font partie d'un enseignement donné dans les lycées et collèges par les professeurs de sciences.

CLASSE DE PREMIÈRE

(Voir *Remarques générales* en tête des programmes.)

Langue française.

(4 h. 1/2.)

Cours communs aux trois sections (3 heures).

Cours spéciaux aux sections A' et B (1 heure 1/2).

ÉTUDE DE LA LANGUE[1] ET DE LA LITTÉRATURE

Étude de la langue poursuivie en particulier à propos des explications de textes.

Étude de la composition et du style, à propos des textes étudiés et des exercices de composition.

Notions suivies sur l'histoire de la littérature française, de 1715 à nos jours, données à l'aide de l'explication de textes spécialement groupés à cet effet.

EXERCICES D'APPLICATION

Lecture et explication de textes.

Récitation de textes précédemment expliqués.

Lectures complémentaires, faites hors de la classe, et suivies de brefs comptes rendus ou d'interrogations, habituant les élèves à s'exprimer avec correction et aisance.

Compositions françaises (lettres, discours, dissertations littéraires et morales).

AUTEURS

Morceaux choisis de prose et de vers des classiques français. (Même recueil pour les trois classes supérieures.)

Montaigne : Extraits.

[1]. Voir la note placée au bas du programme de grammaire de sixième.

Corneille : Théâtre choisi.
La Fontaine : *Fables*.
Molière : Théâtre choisi.
Boileau : Œuvres poétiques et extraits des œuvres en prose.
Racine : Théâtre choisi.
Pascal : *Pensées. — Provinciales* (I, IV et extraits).
Bossuet : *Oraisons funèbres. — Sermons.* — Extraits des autres œuvres.
La Bruyère : *Caractères*.
Fénelon : *Lettre à l'Académie*.
Lettres choisies du XVII° et du XVIII° siècle.
Montesquieu : Extraits.
Buffon : Extraits.
Voltaire : Extraits. — Lettres choisies.
Didérot : Extraits.
J.-J. Rousseau : Extraits.
Lectures sur la société extraites des mémoires et des correspondances des XVII° et XVIII° siècles.
Rivarol : *Discours sur l'universalité de la langue française*.
Chateaubriand : Extraits.
Lamartine : Extraits.
Victor Hugo : Extraits.
A. de Vigny : Extraits.
A. de Musset : Extraits.
Anthologie des poètes du XIX° siècle[1].
Choix des principaux historiens du XIX° siècle.
Choix des grands critiques du XIX° siècle (Sainte-Beuve, Taine, Renan, etc).
Extraits des grands romanciers du XIX° siècle.
Extraits des écrivains scientifiques.
Extraits des orateurs et des écrivains politiques.
Extraits des grands moralistes des XVII°, XVIII°, XIX° siècles.

RÉPARTITION DES EXERCICES ENTRE LES COURS COMMUNS ET LES COURS SPÉCIAUX AUX SECTIONS A′ ET B

Les professeurs devront répartir les divers exercices de langue française de telle manière que les cours spéciaux aux sections A′ et B comportent des exercices de haute valeur éducative.

Cours communs (3 heures).

1. Voir plus haut la note sur les anthologies (5°, auteurs grecs).

Explication de textes des XVI°, XVII° XVIII° et XIX° siècles. A propos de l'explication des textes des XVIII° et XIX° siècles, notions sur l'histoire de la littérature française de 1715 à nos jours (2 heures).

Correction de devoirs (1 heure).

Cours spéciaux aux sections A' et B (1 heure 1/2) :

I. — Explications complémentaires de textes des XVI°, XVII°, XVIII° et XIX° siècles.

Correction de devoirs (1 heure).

II. — Notions complémentaires, appuyées sur des lectures empruntées aux traductions, de littératures étrangères envisagées dans leurs rapports avec la littérature française (1/2 heure par semaine ou 1 heure pendant un semestre).

Cet enseignement, qui ne doit, en aucune façon, être une histoire des littératures étrangères, sera conçu de manière à insister seulement sur les œuvres des écrivains dont l'influence a été subie par les écrivains français. Le programme ci-dessous est donné à titre d'indication.

Italie.

1. — DANTE. — Dante et son temps. — *La divine comédie :* plan général et composition de l'œuvre ; épisodes fameux (lectures). — Dante peu connu en France jusqu'à la fin du XVIII° siècle ; sa renommée depuis l'époque romantique.

2. — PÉTRARQUE. — Pétrarque et l'Italie. Pétrarque et l'humanisme. — Les poésies italiennes de Pétrarque : lien de son art avec celui des troubadours. Lecture de quelques pièces célèbres. — La tradition de l' « amour courtois » et l'influence durable de Pétrarque (particulièrement sur nos poètes du XVI° siècle).

3. — L'ARIOSTE ET LE TASSE. — Traditions poétiques auxquelles se rattache le *Roland furieux.* Originalité de l'inspiration et de l'art de l'Arioste. Idée générale et composition de son poème. — Le Tasse : analyse et principaux épisodes de la *Jérusalem délivrée.* Renommée de cette épopée en France, particulièrement au XVII° siècle.

4. — *La littérature italienne à l'époque du romantisme.* MANZONI : le drame historique (*Préface du comte de Carmagnola*). LÉOPARDI : les traits essentiels de son génie. Lecture intégrale ou partielle de quelques-uns de ses poèmes.

Espagne.

5. — *Le romancero.* Les divers groupes de romances et particulièrement les romances historiques. Popularité du *romancero* en France, à l'époque du romantisme.

6. — Cervantès. — Sa vie. *Don Quichotte* : idée générale de l'œuvre. Raisons qui expliquent l'exceptionnelle, universelle et constante renommée de ce chef-d'œuvre. Épisodes célèbres.

7. — *Le théâtre espagnol au XVIIe siècle.* — Originalité et caractère national de ce théâtre. Lope de Vega et Calderon (analyse d'une pièce au moins de l'un et de l'autre). — Influence du théâtre espagnol sur le théâtre français au XVIIe siècle : (*Le Cid, Le Menteur, Venceslas, Don Juan et les originaux espagnols*).

Angleterre.

8-9. — Shakespeare. — Chronologie du théâtre de Shakespeare : analyse de quelques-unes de ses œuvres les plus caractéristiques.

Shakespeare en France au XVIIIe siècle : progrès de sa renommée; traditions et imitations. — Shakespeare et le romantisme.

10. — Autres rapports de la France et de l'Angleterre au XVIIIe siècle : Milton (idée générale de son *Paradis perdu*) connu et traduit. Le *Robinson* de de Foë, le *Gulliver* de Swift : les romans de Richardson : idée générale de ces ouvrages; leur renommée et leur influence. — Les poètes : Thomson, Young : renommée et influence de l'un et de l'autre.

11. — *La poésie et le roman en Angleterre à l'époque romantique.* — Walter Scott : sa popularité et son influence. Byron : idée générale de son œuvre (lectures de *Childe-Harold, de Manfred*). Sa renommée en France, son influence. — La poésie de Shelley.

12. — Le roman et la poésie en Angleterre au XIXe siècle (suite) : Dickens, Thackeray, George Eliot, Tennyson : les Browning. Caractéristiques de l'œuvre et des tendances de ces écrivains.

Allemagne.

13. — *Les Nibelungen* : idée générale de l'œuvre (lectures). Les poèmes romanesques d'origine française : le *Tristan* de Gottfried de Strasbourg : le *Perceval* de Wolfram d'Eschenbach.

14-15. — Goethe : diverses périodes de sa carrière; chronologie de ses œuvres principales. Les poésies; *Goetz de Berlichingen; Werther; Le premier Faust; Iphigénie; Wilhlem Meister; Hermann et Dorothée; Le second Faust.* Universalité de son génie.

Schiller, poète et auteur dramatique : Œuvres caractéristiques : *Les Ballades, Le Chant de la Cloche, Les Brigands;* les drames historiques : *La Fiancée de Messine* et *Guillaume Tell.*

16. — Grands courants des littératures étrangères à la fin du XIXe et au début du XXe siècle. — La Russie : Tolstoï et Dostoïewski; la Norvège : Ibsen; l'Allemagne : l'influence de Richard Wagner : la philosophie de Nietzsche; l'Angleterre : Hardy, Kipling, Wells, Shaw; l'Italie : d'Annunzio.

Langue latine.

(4 heures dans les sections A et A'.)

ÉTUDE DE LA LANGUE ET DE LA LITTÉRATURE

Revision et compléments de grammaire, en particulier à propos de l'explication des textes.

Notions complémentaires de versification à propos de l'explication des textes.

Notions élémentaires sur l'histoire de la littérature latine et sur la civilisation romaine, à propos des versions et des explications des auteurs, qui seront toujours bien situés dans leur temps.

EXERCICES D'APPLICATION

Explication de textes (l'explication sera suivie de la lecture expressive du texte latin dans son ensemble).

Récitation de textes précédemment expliqués.

Thèmes.

Versions.

AUTEURS

Théâtre latin : Extraits.

Lucrèce : Extraits.

Virgile : Œuvres.

Horace : Œuvres.

Cicéron : *Pro Milone. — Pro Murena.* — Analyses et extraits des principaux discours. — Extraits des traités de rhétorique. — Extraits des œuvres morales et philosophiques.

César : *Commentaires.*

Tite Live : Troisième décade.

Sénèque : Extraits.

Tacite : Œuvres.

Conciones.

Anthologie des poètes latins[1].

Anthologie des prosateurs latins jusqu'à la fin du IVe siècle après J.-C.[2]

Langue grecque.

(4 heures dans la section A.)

ÉTUDE DE LA LANGUE ET DE LA LITTÉRATURE

Revision générale de la grammaire.

Notions élémentaires sur l'histoire de la littérature grecque et sur la civilisation grecque, à propos des versions et des explications des auteurs, qui seront toujours bien situés dans leur temps.

EXERCICES D'APPLICATION

Explication de textes (l'explication sera toujours suivie de la lecture expressive du texte grec dans son ensemble).

Récitation de textes précédemment expliqués.

Thèmes.

Versions.

AUTEURS

Homère : *Iliade.* — *Odyssée.*

Eschyle : Extraits.

Sophocle : Une tragédie.

Euripide : Une tragédie ou extraits.

Aristophane : Extraits ; fragments de Ménandre.

Xénophon : Œuvres.

Platon : Extraits suivis, reliés par des analyses.

Orateurs attiques : Extraits.

Démosthène : *Philippiques.* — *Discours sur la couronne.*

Anthologie des poètes grecs[1].

Anthologie des prosateurs grecs[2].

Pages et pensées morales extraites des auteurs grecs.

1 et 2. Voir plus haut la note sur les anthologies (3e, auteurs grecs).

Histoire.

(2 heures communes à A, A' et B.)

Histoire contemporaine jusqu'au milieu du XIXe siècle.

I

La fin de l'ancien régime. — La société française à la veille de la Révolution ; la réaction nobiliaire ; la prospérité économique et l'enrichissement de la bourgeoisie ; paysans et ouvriers ; les disettes. La formation de la doctrine révolutionnaire ; Rousseau, Mably ; Condorcet ; influence des idées américaines. La crise financière et la nécessité des réformes : Calonne, Brienne. La révolte des privilégiés. Necker et la convocation des États Généraux.

La période monarchique de la Révolution. — Les États Généraux et l'Assemblée nationale constituante ; transformations politiques et sociales ; la Constitution de 1791. La monarchie constitutionnelle. Louis XVI et l'Assemblée législative. L'Europe et la Révolution ; la question polonaise ; la guerre ; les Prussiens en France. La chute de la royauté.

La République. — La Convention ; le procès de Louis XVI ; Girondins et Montagnards. La première coalition ; l'invasion ; la chute des Girondins ; les insurrections. Le gouvernement révolutionnaire ; le Comité de Salut public ; la défense nationale et la Terreur ; l'invasion repoussée ; la dictature de Robespierre. La réaction thermidorienne. Les conquêtes et les traités de Bâle. L'œuvre constitutionnelle, sociale, économique et religieuse de la Convention. Le Directoire : histoire intérieure et extérieure. Le dix-huit brumaire.

Le gouvernement consulaire et impérial. — Les Constitutions de l'an VIII et de l'an XII. Le régime consulaire ; la réorganisation administrative ; les codes ; le Concordat. Le rétablissement de la paix. L'Empire : caractères du régime impérial : la cour, la noblesse ; l'Université ; les travaux publics.

La politique extérieure de Napoléon Ier. — Les coalitions jusqu'au traité de Tilsit ; Austerlitz, Iéna, Friedland ; la Grande Armée. Le blocus continental. Transformations administratives et sociales en Europe sous l'influence des idées françaises. Les résistances nationales : la guerre d'Espagne, les réformes en Prusse.

La fin de l'Empire. — Guerre de Russie. Campagnes de 1813 et de 1814. L'abdication et le premier traité de Paris. La première Restauration. Les Cent Jours : Waterloo. Le second traité de Paris. Le congrès de Vienne et les remaniements territoriaux en Europe.

II

L'Europe après les traités de 1815. — La Sainte Alliance ; la politique d'Alexandre Ier et le système de Metternich ; les révolutions et les congrès. Les premières guerres d'indépendance ; le soulèvement des colonies espagnoles d'Amérique ; l'insurrection de la Serbie ; l'indépendance de la Grèce.

La Restauration en France. — La Charte de 1814. Louis XVIII ; les institutions politiques, les partis, le régime parlementaire. La réaction : Charles X. La révolution française de 1830 : avènement de Louis-Philippe.

L'Europe de 1830 à 1848. — La révolution de 1830 en Europe. L'insurrection polonaise et la fin du royaume de Pologne. Le soulèvement et l'organisation de la Belgique. La crise orientale. Mahmoud et Méhémet-Ali ; la question des Détroits jusqu'à la convention de 1841.

La monarchie de Juillet. — La Charte revisée ; le gouvernement de la bourgeoisie ; les insurrections républicaines. Louis-Philippe et la Chambre. La politique de Guizot ; le développement économique ; l'entente cordiale. La conquête de l'Algérie. L'opposition et la révolution de février 1848.

L'Angleterre pendant la première moitié du XIXe siècle. — L'ancien régime anglais. L'émancipation des catholiques et la réforme électorale de 1832. Après la réforme ; l'agitation chartiste ; l'agitation libre-échangiste ; l'agitation irlandaise. Les Anglais dans l'Inde, dans l'Afrique du Sud et en Australie.

Le développement des États-Unis d'Amérique. — La Constitution de 1787. L'extension territoriale et le peuplement. L'évolution politique. La question de l'esclavage et la guerre de Sécession.

Le mouvement des idées de 1815 à 1848. — Le développement des sciences. L'érudition. Le romantisme littéraire et artistique. Le catholicisme libéral. Les premiers systèmes socialistes.

Géographie.

(1 heure commune à A, A' et B.)

La France.

I

Rappel des notions générales sur la géographie physique de la France. (Cette partie du programme ne devra pas occuper plus de trois ou quatre classes.)

II

Étude de la France par grandes régions naturelles : géographie physique et géographie humaine (population, vie économique).

(La géographie régionale devra être étudiée en se bornant aux onze grandes régions reconnues d'une manière incontestable : Nord. Est, Bassin parisien, Ouest, Massif central, Sud-Ouest, Pyrénées, région méditerranéenne, Alpes, Jura, Saône et Rhône. Il conviendra de laisser de côté à ce sujet toute autre division, telle que celles des provinces, ainsi que les considérations purement géologiques.)

III

La population française : densité, natalité et mortalité; immigration et émigration.

Vie économique de la France; agriculture, industrie, voies de communication, commerce, marine marchande.

Étude de l'Afrique du Nord et des colonies françaises. L'Afrique occidentale et équatoriale. Madagascar. L'Indochine française. Les petites colonies françaises. Rôle de la France et de ses colonies dans la vie économique du monde.

Exercices pratiques.

(1/2 heure, facultative en A et A', obligatoire en B.)

Notions complémentaires sur les civilisations grecque et romaine, dans leurs rapports avec la civilisation contemporaine.

Langues vivantes.

(8 heures.)

Cours communs aux sections A, A' et B (2 heures).

Revision de la grammaire à l'occasion des textes expliqués et traduits. On poursuit l'étude de la langue, on attire l'attention des élèves sur la composition et sur le style. Dans l'explication des textes, le professeur fera, d'une façon systématique, des rapprochements entre la littérature étrangère et la littérature française.

Mêmes exercices oraux et écrits qu'en seconde. Le sujet de la composition en langue étrangère sera de préférence emprunté soit à une version, soit à tout autre texte précédemment étudié.

Cours spéciaux aux sections A' et B.

2 heures, dont 1 heure sera consacrée à des notions d'histoire littéraire et à un enseignement méthodique de la civilisation à l'aide de textes groupés à cet effet et portant sur les XIXe et XXe siècles.

Cours spéciaux à la section B (4 heures).
(2e langue.)

AUTEURS

1° Choix de lectures destinées à faire connaître la vie, l'histoire, la civilisation et les principaux chefs-d'œuvre de la littérature du peuple étranger;

2° Choix de poètes des XVIIIe, XIXe et XXe siècles;

3° Pages choisies des romanciers et auteurs dramatiques des XVIIIe, XIXe et XXe siècles.

Ou l'un des ouvrages suivants :

Langue allemande.

Goethe : *Iphigénie*. — *Egmont*. — *Torquato Tasso*. — *Götz von Berlichingen*.

Schiller : *Wallenstein*. — *Die Jungfrau von Orléans*.

Kleist : *Prinz von Homburg*.

Pages choisies des auteurs dramatiques et des romanciers des XIXe et XXe siècles, en particulier de Fontane, G. Keller,

C.-F. Meyer, Spitteler, Sudermann, Hauptmann, Hofmannsthal, Liliencron, Thomas Mann, Heinrich Mann, J. Schlaf, Paul Ernst, Freussen, C. Viebig, Hermann Hesse, Otto Flake, Fr. von Unruh, etc.

Langue anglaise.

Shakespeare : *The Tempest*. — *As You like it*. — *Macbeth*.
Milton : *Allegro*. — *Penseroso*.
Goldsmith : *She stoops to conquer*.
Wordsworth : *Peter Bell*. — *Michael*.
Shelley : *Ode to the West Wind*. — *The sensitive plant*. — *The Cloud*. — *To a Skylark*.
Coleridge : *The ancient Mariner*.
Dickens : *David Copperfield* (extraits).
Thackeray : *Esmond* (extraits).
G. Eliot : *Scenes of clerical Life*.
Addison : Extraits du *Spectator*.
W. Hawlitt : *Essays* : The Indian Jugglers; on Thought and Action; On Vulgarity and Affectation; On going a Journey; on the Disadvantages of intellectual Superiority; on the Knowledge of Character; On a Sundial. On the conversation of Lords.

Langue italienne.

Dante : *La Vita nuova* (extraits). — *Inferno* (extraits).
Pétrarque : Choix de poésies.
Boccace : Extraits.
T. Tasso : *La Gerusalemme liberata* (extraits).
V. Alfieri : *Antigone*. — *Saül*.
G. Parini : *Il Mattino*.
G. Léopardi : choix de poésies.
G. Carducci : choix de poésies.

Langue espagnole.

Cervantès : *Don Quijote*.
Guilhem de Castro : *Las Mocedades del Cid* (1ᵉ partie).
Lope de Vega : *El perro del hortelano*.
Breton de los Herreros : *El pelo de la dehesa*.
Mariano José de Larra : *Articulos de costumbres*.
José Maria Pereda : *Penas arriba*.
Romances choisies.

Morceaux choisis des auteurs picaresques et satiriques des XVII⁰ et XVIII⁰ siècles.

Anthologie des poètes romantiques espagnols.

Art.

(1/2 heure, facultative en A, obligatoire en B.)

Cet enseignement ne devra en aucune manière consister en une histoire ni une nomenclature, mais dans la vision directe, l'étude, l'analyse des œuvres les plus expressives des grands artistes. Les centres d'études énumérés ci-dessous sont donnés à titre d'indication et de points de repère.

Dix-neuvième siècle.

1. — La Révolution et l'Empire, d'après l'œuvre de David.
2. — Gros, Prudhon, Géricault.
3. — Delacroix.
4. — Ingres.
5. — Les paysagistes romantiques : Corot, Rousseau.
6. — J.-F. Millet.
7. — Daumier.
8. — De Courbet aux impressionnistes.
9. — La sculpture au XIX⁰ siècle : Rude, Barye, Carpeaux, Rodin.
10. — Puvis de Chavannes.
11. — Architecture des villes modernes.
12. — Art décoratif contemporain.

Mathématiques.

(4 heures.)

ALGÈBRE

Équation du second degré à une inconnue. Existence des racines (on ne parlera pas des imaginaires).

Relation entre les coefficients et les racines. Signe des racines.

Étude du trinôme du second degré. Inégalité du second degré.

Problèmes du second degré.

Variation du trinôme du second degré; représentation graphique.

Variation de la fonction $\dfrac{ax + b}{a'.x + b'}$; représentation graphique.

Progressions arithmétiques et progressions géométriques. Intérêts composés.

Usage des tables de logarithmes à quatre ou cinq décimales.

GÉOMÉTRIE (figures dans l'espace).

Plan et ligne droite. — Détermination d'un plan et d'une droite. Intersection de deux plans.

Parallélisme des droites et des plans.

Droite et plan perpendiculaires.

Propriétés de la perpendiculaire et des obliques menées d'un même point à un plan.

Angles dièdres. — Angle plan correspondant à un angle dièdre.

Plans perpendiculaires entre eux.

Projection d'une aire plane.

Symétrie par rapport à une droite, à un point, à un plan.

Angles polyèdres. — Chaque face d'un trièdre est moindre que la somme des deux autres. Limite de la somme des faces d'un trièdre ou d'un angle polyèdre convexe.

Trièdres supplémentaires.

Trièdres symétriques.

Cas d'égalité ou de symétrie des trièdres.

Sections d'angles polyèdres par des plans parallèles. Aires de ces sections.

Polyèdres. — Prisme, pyramide.

Volumes des parallélépipèdes et des prismes.

Volume de la pyramide.

Volume du tronc de pyramide à bases parallèles.

Volume du tronc de prisme triangulaire.

Définition de deux prismes ou de deux pyramides semblables. Rapport de leurs volumes.

Corps ronds. — Surface cylindrique ou conique à directrice circulaire. Plan tangent. Sections parallèles au plan de la directrice.

Sphère, sections planes. Pôles, plan tangent, cône et cylindre circonscrits.

Aire latérale du cylindre et du cône de révolution.
Volume du cylindre et du cône à base circulaire.
Aire de la zone. Aire de la sphère. Volume de la sphère.

Physique et chimie.
(3 heures.)

PHYSIQUE

Optique. — Corps lumineux et non lumineux ; corps opaques, transparents, translucides.

Propagation rectiligne de la lumière : ombres.

Miroir plan : lois de la réflexion.

Miroirs sphériques, marche des rayons. Images, formule des miroirs déduite de la construction des images.

Définition du sinus d'un angle.

Réfraction. Lames à faces parallèles. Lois de la réfraction. Réflexion totale.

Prisme. Etude expérimentale de la déviation ; formules.

Lentilles. Marche des rayons. Images. Formules des lentilles déduites de la construction des images. Convergence. Dioptrie (on admettra, sans démonstration, la formule donnant la distance focale en fonction de l'indice et des rayons de courbure des faces de la lentille).

Œil réduit au seul point de vue de l'accommodation.

Loupe ; puissance dans les cas simples (œil au foyer, vision à l'infini). Microscope grossissant commercial.

Principe de la lunette astronomique et de la lunette de Galilée : grossissement dans le cas de la vision à l'infini.

Magnétisme. — Aimants ; pôles. Expérience de l'aimant brisé. Champ magnétique : définition expérimentale. Expériences sur les spectres magnétiques.

Champ magnétique terrestre. Principe de la boussole de déclinaison.

Electricité. — Le courant électrique défini par ses propriétés. Sens du courant.

Electrolyse : loi de Faraday. Quantité d'électricité, intensité.

Définition pratique du coulomb et de l'ampère.

Chaleur dégagée dans un conducteur. Résistance. Ohm. Loi de Joule.

Notions sur l'énergie. Force électromotrice et différence de potentiel. Le volt. Récepteurs et générateurs. Loi d'Ohm. Courants dérivés.

Champ magnétique d'un courant. Règle d'Ampère. Solénoïde. Galvanomètre à aimant mobile.

Action d'un champ magnétique sur un courant. Galvanomètre à cadre mobile.

Aimantation par les champs magnétiques. Flux magnétique. Electro-aimants. Principe du télégraphe.

Force électromotrice d'induction : loi fondamentale.

Machine Gramme (réceptrice et génératrice). Téléphone. Notions sommaires sur les piles à liquides et les accumulateurs.

CHIMIE

Métaux. — Propriétés pratiques des métaux et des alliages. Chlorure et carbonate de sodium. Calcaires, chaux, plâtre. Fer, fonte, acier, sulfate ferreux.

Aluminium; alumine, sulfate d'aluminium, aluns, isomorphisme.

Zinc. Plomb.

Cuivre et alliages, sulfate de cuivre.

Propriétés de l'argent; propriétés de l'or.

Chimie organique. — Substances organisées. Substances organiques.

Eléments qui entrent dans une substance organique.

Carbures d'hydrogène; méthane, pétroles. Ethylène. Acétylène. Gaz de l'éclairage. Benzène.

Alcool éthylique; fermentation alcoolique.

Acide acétique; distillation du bois; vinaigre, fermentation acétique.

Notions sommaires : saccharose, glucose, amidon, cellulose.

Dessin.

(2 heures facultatives.)

(Même programme qu'en seconde.)

CLASSE DE PHILOSOPHIE

(Voir *Remarques générales* en tête des programmes.)

Philosophie.
(8 h. 1/2.)

I. — PROGRAMME OBLIGATOIRE.

N. B. — L'ordre adopté dans le programme n'enchaîne pas la liberté du professeur; il suffit que les questions indiquées au programme obligatoire soient toutes traitées.

Introduction. — Caractère général de la philosophie.

Psychologie. — Objet de la psychologie. Caractères des faits psychologiques; leurs relations avec les faits physiologiques. Le point de vue introspectif et le point de vue objectif.

Sensations et images. La perception. L'étendue. L'idée d'objet.

L'association des idées. La mémoire. L'imagination. L'attention.

L'abstraction et la généralisation. Rôle des signes. Rapports du langage et de la pensée.

Le jugement et le raisonnement.

Sensibilité et activité. Les tendances et les mouvements.

Les plaisirs et les douleurs d'ordre physique et d'ordre moral. Les émotions. Les passions.

L'instinct. L'habitude. La volonté.

Conscience, inconscience, personnalité.

Problèmes métaphysiques posés par la psychologie : la raison, la liberté.

Logique, — Les procédés généraux de la pensée : intuition et connaissance immédiate, raisonnement et connaissance discursive. Déduction et induction. Analyse et synthèse.

La science et l'esprit scientifique.

Les mathématiques : objet et méthode. Leur rôle actuel dans l'ensemble des sciences.

Les sciences expérimentales : l'établissement des faits; la découverte et la vérification des lois; les principes, les théories.

Quelques exemples des grandes théories de la physique, de la chimie ou de la biologie modernes.

Les sciences morales; le rôle de l'histoire et de la sociologie.

Morale. — Le problème moral. La morale et la science.

La conscience morale : sa nature et sa valeur.

Le devoir et le droit. La responsabilité.

La justice et la charité.

Les grandes conceptions de la vie morale. (Il est entendu qu'il s'agit uniquement de caractériser les grandes tendances morales et que l'histoire n'interviendra que pour fournir des exemples.)

La morale et la vie personnelle. La vie du corps et la vie de l'esprit. La dignité individuelle. Rapports de la moralité personnelle et de la vie sociale.

La morale et la vie domestique. La famille. La morale et la crise de la natalité.

La morale et la vie économique. La division du travail. La solidarité. La profession. La question sociale.

La morale et la vie politique. Liberté et égalité. L'État. La loi. Droits et devoirs civiques.

La patrie. La morale et les relations internationales.

L'humanité. Devoirs envers l'homme sans considération de race. Devoirs des nations colonisatrices.

Philosophie générale; les grands problèmes métaphysiques. — Les théories de la connaissance. Les principes de la raison.

La valeur de la science et l'idée de la vérité.

L'espace et le temps. La matière. La vie.

L'esprit. La liberté.

Dieu.

II. — PROGRAMME A OPTION.

REMARQUE I. — Le professeur devra choisir trois articles dans le programme suivant qui comprend d'une part les questions complémentaires, d'autre part une liste des textes d'auteurs philosophiques à expliquer.

REMARQUE 2. — Les articles choisis par le professeur pourront être, tous les trois, des textes. L'un des trois au moins devra être un texte.

REMARQUE 3. — Quant aux questions complémentaires, il ne devra pas être consacré plus de six leçons à l'enseignement de chacune d'elles.

REMARQUE 4. — Une note écrite indiquant le ou les textes expliqués, et s'il y a lieu, les questions complémentaires choisies, avec l'indication très sommaire des points étudiés, devra être remise à l'examinateur par le candidat au baccalauréat ou figurer sur le livret scolaire.

I. — *Questions complémentaires.*

1. — Histoire de la philosophie, sous l'une ou l'autre des formes suivantes :

a) Tableau d'ensemble indiquant la succession et les relations des doctrines et des écoles ;

b) Exposé historique, soit d'un grand problème, soit d'une grande époque de la philosophie.

2. — Notions de psychologie expérimentale. Par exemple : ce qu'on fait dans un laboratoire de psychologie ; les tests ; les applications actuelles de la physiologie.

3. — Notions de psychologie pathologique. Par exemple : les troubles de la personnalité ; les maladies du langage.

4. — Notions d'esthétique.

5. — Notions de logique formelle.

6. — Notions de la science du langage. Par exemple : l'évolution des langues ; linguistique générale.

7. — Notions de sociologie.

II. — *Auteurs philosophiques.*

Platon : *Phédon.* — *Gorgias.* — *La République* (un livre).

Aristote : *Morale à Nicomaque* (un livre). — *La Politique* (un livre).

Épictète : *Entretiens* (un livre).

Marc-Aurèle : *Pensées.*

Lucrèce : *De rerum natura* (livre II ou livre V).

Descartes : *Discours sur la méthode*. — *Méditations*. — *Les Principes* (livre Ier).

Pascal : *Pensées et Opuscules*.

Malebranche : *De la recherche de la vérité* (livre Ier ou livre II). — *Entretiens sur la métaphysique*. — *Traité de morale*.

Spinoza : *Éthique* (un livre).

Leibnitz : *Nouveaux essais* (avant-propos et livre Ier). — *Théodicée* (extraits). — *Monadologie*. — *Discours de métaphysique*.

Berkeley : *Dialogue entre Hylas et Philonoüs*. — *Traité sur les principes de la connaissance*.

Hume : *Traité de la nature humaine* (un livre).

Condillac : *Traité des sensations* (livre Ier).

J.-J. Rousseau : *Le contrat social* (un livre). — *La profession de foi du vicaire savoyard*.

Kant : **Critique de la raison pure** (préface de la 2e édition). *Fondement de la métaphysique des mœurs*.

A. Comte : *Cours de philosophie positive* (leçons I et II). — *Discours sur l'esprit positif*.

Renan : *L'avenir de la science* (extraits).

Cl. Bernard : *Introduction à la médecine expérimentale* (1re partie).

Stuart Mill : *L'Utilitarisme*.

H. Spencer : *Les premiers principes* (1re partie). — *Introduction à la science sociale*.

Cournot : *Matérialisme, vitalisme, rationalisme*.

Français. — Latin. — Grec.
(2 heures.)

Le professeur aura toute liberté pour organiser les études littéraires de cette classe et complétera en particulier l'étude des écrivains français par quelques aperçus sur la littérature contemporaine.

Il puisera, à son gré, dans la liste des auteurs de la classe de première, auxquels il pourra ajouter les textes suivants.

Pour le latin.

Sénèque : Extraits des *Lettres à Lucilius* et des traités de morale.

Pour le grec.

Théocrite : Idylles choisies.
Thucydide : Extraits.
Aristote : Extraits de la *Rhétorique* et de la *Poétique*.

Histoire et géographie.
(3 h. 1/2)

Histoire.

Histoire contemporaine depuis le milieu du *XIX*ᵉ siècle.

I

La révolution de 1848 et la réaction en France jusqu'au 2 décembre 1851.

La révolution de 1848 et la réaction en Europe : Allemagne, Autriche, Italie.

La France sous le Second Empire. — La Constitution de 1852. L'Empire autoritaire, l'empire libéral. Le développement économique et la société. La politique extérieure de Napoléon III et les traités de 1815 ; politique méditerranéenne ; politique coloniale.

La question d'Orient. — La guerre de Crimée et le Congrès de Paris. La neutralisation de la Mer Noire.

La formation de l'unité italienne. — Victor Emmanuel II et Cavour. Le royaume d'Italie. La question romaine ; Pie IX : le syllabus et le concile du Vatican ; la loi des garanties.

La formation de l'unité allemande. — La politique de Bismarck ; la guerre de 1866 ; la Confédération de l'Allemagne du Nord. La guerre de 1870-1871. L'empire allemand.

L'Autriche après 1852. — Le régime absolutiste. La question des nationalités : unitarisme ou fédéralisme. Le compromis austro-hongrois. Le mouvement slave.

La Russie après la guerre de Crimée. — Les réformes libérales d'Alexandre II. L'insurrection polonaise de 1863 ; le retour à l'absolutisme et les partis d'opposition. La politique de russification.

II

La France sous la troisième République. — L'Assemblée
nationale, la Constitution de 1875. L'affermissement du
régime républicain; les lois scolaires; les crises intérieures
et les partis politiques; le gouvernement des radicaux.
L'œuvre économique et sociale de la troisième République.
Le mouvement intellectuel et artistique.

L'empire colonial de la France depuis 1870. — Sa formation,
son organisation.

L'Angleterre depuis le milieu du dix-neuvième siècle. —
L'évolution vers la démocratie; les lois électorales. L'évolution
économique et sociale. La question irlandaise.

*L'empire colonial britannique depuis le milieu du dix-neu-
vième siècle*. — Son développement. Les dominions et les
tentatives d'organisation impériale. Les mouvements nationaux.

L'empire allemand après 1871. — Le gouvernement de
Bismarck; le gouvernement de Guillaume II; expansion économique et politique mondiale. Le pangermanisme. La
question d'Alsace-Lorraine et la question polonaise.

Les États-Unis depuis la guerre de Sécession. — Le régime
politique. L'immigration; les transformations économiques.
L'expansion dans le Pacifique; les États-Unis et l'Amérique
latine.

Les relations internationales de 1871 à 1904. — L'entente
des trois empereurs et la crise de 1875. La crise orientale; la
conférence de Londres, la guerre des Balkans et le congrès
de Berlin. L'alliance austro-allemande de 1879; la triple
alliance de 1882. La question d'Égypte. Le partage de l'Afrique
et la conférence de Berlin. Le développement de la triple
alliance et l'alliance franco-russe. La rivalité coloniale anglo-
française; l'entente de 1904.

La question d'Extrême-Orient. — La civilisation chinoise.
Les Européens en Chine, les premiers conflits. La civilisation
japonaise; l'ère nouvelle. La guerre sino-japonaise et ses
conséquences. La guerre russo-japonaise. La république
chinoise.

Les relations internationales de 1905 à 1914. — Triple alliance
et triple entente. La question marocaine. La politique

orientale de l'Autriche et de l'Italie ; les guerres balkaniques ; la crise serbe.

La guerre de 1914 à 1918. — Les belligérants ; les principaux théâtres d'opérations et les principales phases ; les transformations de l'armement et de la tactique. La révolution russe de 1917. L'intervention des Etats-Unis. Les traités et les remaniements territoriaux. La Société des nations.

Les premières conséquences de la guerre. — La reconstitution de la Pologne. Les nouveaux Etats de l'Europe centrale. La nouvelle organisation de l'Allemagne. La question russe. La question turque. Le bouleversement économique et social.

Les institutions actuelles du peuple français.

Le Pouvoir constituant et la procédure de revision. La souveraineté populaire ; le régime électoral.

Les libertés publiques. — Liberté individuelle, liberté de la presse, liberté de réunion et d'association.

Les pouvoirs publics. — Le Président de la République. Les ministres. Les Chambres. Le conseil d'Etat.

L'organisation départementale et communale.

Les grands services publics. Grands traits de l'organisation judiciaire (juridictions civiles, répressives, administratives et commerciales). L'organisation militaire.

Géographie.

L'exposé de la géographie physique précédera naturellement toute étude économique : le professeur aura toute liberté de grouper plusieurs Etats, par exemple d'exposer ensemble la géographie physique de l'Europe centrale, ou encore de réserver l'étude du Canada pour la joindre à celle des Etats-Unis.

Les principales puissances économiques du monde.

L'empire britannique : les Iles-Britanniques, le Canada, l'Australie et la Nouvelle-Zélande, l'Afrique australe, l'Inde.

Le rôle économique de la Belgique et des Pays-Bas. — Le Congo belge, les Indes néerlandaises.

L'Allemagne.

Le rôle économique de la Suisse. Les percées alpines.

Les Etats danubiens. (On se bornera à montrer la situation économique créée par le démembrement de l'Autriche-Hongrie).

L'Italie.

La Pologne.

La Russie d'Europe et d'Asie.

La Chine et le Japon.

Les Etats-Unis.

La république Argentine et le Brésil.

II

La vié économique du globe.

Les grandes voies ferrées. Les grands courants de navigation. Les canaux interocéaniques. Les transports aériens. Les communications télégraphiques.

Langues vivantes.

(2 heures.)

Chaque langue a deux heures. Les cours sont obligatoires pour une langue, facultatifs pour l'autre. Ils seront donnés à des heures différentes, afin de permettre aux élèves de continuer à entretenir leur connaissance des deux langues.

L'enseignement tendra surtout à faire saisir les principaux mouvements d'idées, les influences scientifiques, philosophiques et sociales d'où est sortie la vie contemporaine. Il précisera l'aspect particulier des problèmes mondiaux dans la nation dont on étudie la langue et l'attitude de ses penseurs et critiques sociaux les plus représentatifs.

Exposés oraux, résumés de lectures, discussions.

Versions, thèmes, compositions.

Comme dans la classe de première, le professeur s'efforcera de provoquer des rapprochements entre la littérature étrangère et la littérature française. Il saisira aussi toutes les occasions de parler des grands problèmes de la vie internationale et de l'aspect qu'ils présentent dans le pays étudié.

AUTEURS

Extraits des principaux romanciers, poètes, historiens,

critiques, philosophes et écrivains politiques des XIX° et XX° siècles.

Ou l'un des ouvrages suivants :

Langue allemande.

Lessing : Extraits des ouvrages de critique.
Gœthe : *Mémoires* (extraits). — *Campagne de France.* — *Faust* (1re partie).
Heine : Extraits de prose.

Langue anglaise.

Shakespeare : *Hamlet.*
Milton : *The Paradise Lost* (extraits).
Bacon : *Essays.*
Carlyle : *Heroes and Hero-Worship.*
Ruskin : Extraits.
Emerson : Extraits.
Stuart Mill : *Autobiography* (extraits).

Langue italienne.

Dante : Épisodes du *Purgatoire* et du *Paradis.*
Machiavel : *Il principe.*
Foscolo : Choix de poésies.
Leopardi : *Operette morali.*
Carducci : *Letture del Risorgimento Italiano.*

Langue espagnole.

R. Menendez Pidal : *Prosistas Castellanos.*
Calderon : *La vida es sueno.*
J. Codalso : *Cartas marruecas.*
Angel Ganivet : *Idearium espanol.*
Eusebio Blasco : *Mis contemporaneos.*
Rafael Altamira : *Historie de la civilizacion espanola* (Manuel Soler).
Extraits des Mystiques espagnols.
Anthologie des poètes espagnols contemporains.

Mathématiques.
(2 heures.)

Exercices sur les programmes de première et de seconde.

Compléments d'algèbre — Dérivée : Signification géométrique. Le signe de la dérivée indique le sens de la variation. Application à l'étude de quelques fonctions très simples.

Fonction primitive. Utilisation pour le calcul de certaines aires (on admettra la notion d'aire).

COSMOGRAPHIE

Système de Copernic.

Le soleil : dimensions, distance à la terre. Notions sommaires sur la constitution physique. La rotation, les taches du soleil.

Notions sommaires sur les planètes.

La terre. Forme et dimensions. Rotation. Pôles. Équateur. Méridiens, parallèles. Longitude et latitude.

La lune. Mouvement. Constitution physique.

Comètes. Étoiles filantes. Bolides.

Étoiles. Nébuleuses. Voie lactée.

Physique et chimie.
(3 heures.)

PHYSIQUE

Enregistrement graphique, chronophotographie.

Chute des corps dans le vide et dans l'air, étude expérimentale.

Pendule, étude expérimentale, formule (sans démonstration). Principe de la mesure de g.

Énergie. Diverses formes d'énergie (mécanique, thermique, électrique, chimique); leurs transformations naturelles. Équivalent mécanique de la calorie; principe de l'expérience de Joule. Principe de la conservation de l'énergie.

Machines thermiques : rendement.

Mouvements périodiques. — Le son est dû à un mouvement vibratoire. Démonstration expérimentale de la propagation d'un mouvement vibratoire. Longueur d'onde. Vitesse du son.

Réflexion des ondes : nœuds et ventres. Existence des phénomènes d'interférences.

Qualités physiologiques du son. Leur interprétation physique.

Sons musicaux. Intervalles harmoniques.

Résonance. Résonateurs, caisse de résonance, tuyaux sonores.

Étude sommaire des cordes vibrantes.

Analogies de la lumière et du son. Hypothèses des vibrations lumineuses; vitesse de propagation, période, longueur d'onde. Qualités physiologiques de la lumière. Étude sommaire des radiations de l'ultra-rouge à l'ultra-violet. Photographie.

Électricité. — Notions sur le condensateur. Notions sur les courants alternatifs et les oscillations électriques. Tranforsmateurs. Bobine d'induction.

Décharges à travers les gaz. Rayons cathodiques. Rayons X. Principe de la télégraphie sans fil.

CHIMIE

Généralités sur les combinaisons chimiques. — Mélanges et corps purs. Analyse immédiate.

Lois des combinaisons en poids et en volumes.

Notions sommaires sur le système des poids atomiques et des poids moléculaires. Formules. Notion de valence.

Acide, bases, sels, lois de Berthollet.

Chimie organique. — Principes de l'analyse organique. Synthèse : exemples.

La fonction en chimie organique.

. Étude sommaire de quelques corps au point de vue fonctionnel : alcool éthylique, éther ordinaire, aldéhyde acétique, acide acétique.

Éthers-sels, chlorure d'éthyle, corps gras : glycérine.

Benzine, phénol, acide picrique, aniline.

Sciences naturelles.
(2 heures.)

I. — *Anatomie et physiologie animales.*

Introduction. — La cellule animale. La différenciation cellulaire. Principaux tissus.

ÉTUDE SPÉCIALE DES FONCTIONS CHEZ L'HOMME.

Fonctions de relation. — Le squelette. Structure, composition chimique et accroissement des os. Description sommaire des différentes parties du squelette.

Les muscles. — Forme, structure, propriétés physiologiques des muscles. Analyse expérimentale de la contraction musculaire. Chaleur et travail musculaires. Les sources de l'énergie musculaire. Le larynx et la voix.

Le système nerveux. — Anatomie sommaire du système cérébro-spinal. Le neurone. Principes, fonctions de la moelle épinière et de l'encéphale; rôle des nerfs.

Le système sympathique et parasympathique. Leurs fonctions.

Les organes des sens. — La peau et ses différentes fonctions. L'odorat et le goût. L'œil, la vision, les principales anomalies de la vision. Notions sommaires sur l'oreille.

Fonctions de nutrition. — La digestion. Anatomie de l'appareil digestif. Les aliments. Action des sucs digestifs sur les aliments. Le pancréas et le foie; leur structure et leurs fonctions.

La circulation. — Le sang, sa composition, rôle de ses parties. Description sommaire de l'appareil circulatoire. Mécanisme de la circulation : action du cœur; rôle des vaisseaux; la pression artérielle.

La lymphe. — Sa composition, son rôle. Appareil circulatoire et circulation lymphatiques.

Immunité; vaccination : sérothérapie.

L'absorption.

La respiration. — Anatomie de l'appareil respiratoire. Ventilation pulmonaire. Échanges gazeux dans les poumons. Respiration des tissus. Asphyxie.

La désassimilation. — Produits de désassimilation. Structure du rein; l'urine.

Les réserves nutritives. — Réserves d'hydrocarbones; glycogène hépatique et musculaire. Réserves de graisses, d'albumine et de matières minérales.

Résumé de la nutrition. Le bilan nutritif, les rations alimentaires.

La chaleur animale. Quantités de chaleur produites. Sources de la chaleur animale. Régulation thermique.

Notions su les sécrétions internes; leur rôle dans la coordination des fonctions de nutrition.

N. B. — Les notions purement anatomiques et histologiques seront réduites au *minimum*. Dans le développement du programme, le professeur pourra suivre un ordre différent de celui indiqué.

II. — *Anatomie et physiologie végétales.*

Introduction. — La cellule et les principaux tissus végétaux.

ÉTUDE SPÉCIALE DES PRINCIPALES FONCTIONS CHEZ LES PHANÉROGAMES.

Fonctions de nutrition — Forme, structure et croissance de la racine, de la tige et de la feuille.

Les aliments des végétaux. Absorption de l'eau et des sels minéraux; leur circulation. Transpiration. Respiration.

La chlorophylle. Assimilation chlorophyllienne à partir du gaz carbonique. Produits de l'assimilation chlorophyllienne. Les sources de l'azote. Migration des substances élaborées.

Nutrition des plantes sans chlorophylle: saprophytisme; parasitisme et symbiose. Les réserves.

Fonctions de reproduction. — La fleur. Enveloppes florales; étamines, pistil. Fécondation. Transformation de l'ovule en graine.

Le fruit et la graine mûre. Germination de la graine. Développement de la plantule.

Principaux modes de reproduction des cryptogames à l'aide d'exemples choisis parmi les champignons, les fougères et les sélaginelles.

Comparaison des modes de reproduction chez les phanérogames et chez les groupes supérieurs des cryptogames.

N. B. — Même observation que pour l'étude de *l'anatomie et de la physiologie animales.*

III. — *Caractères généraux des êtres vivants.*

Comparaison des cellules animales et des cellules végétales :
fonctions communes à toutes les cellules. Caractères de la vie.

IV. — *Évolution des êtres vivants.*

Étude de quelques exemples de faits paléontologiques;
développement des reptiles; apparition des oiseaux; ancêtres
du cheval. Plantes fossiles.

Indication de quelques exemples au choix, tirés de l'anatomie, de l'embryologie et de la distribution géographique,
servant de base à l'étude de l'évolution des êtres vivants.

Dessin.

(2 heures facultatives.)

(Même programme qu'en seconde et première.)

CLASSE DE MATHÉMATIQUES

(Voir Remarques générales en tête des programmes.)

Mathématiques.

(9 h. 1/2 avec le dessin géométrique.)

ARITHMÉTIQUE

I. — Numération décimale. Addition, soustraction, multiplication et division des nombres entiers. Théorèmes fondamentaux concernant ces opérations. Explications des règles pratiques pour effectuer des opérations.

Restes de la division d'une somme, d'une différence, d'un produit par un nombre. Application à la division par 2, 5, 4, 25, 8, 125, 9, 3 et 11. Caractères de divisibilité par chacun de ces nombres.

P. G. C. D. de deux ou de plusieurs nombres. Nombres premiers entre eux. Propriété du P. G. C. D. Conséquences relatives à la divisibilité.

P. P. C. M. de deux ou de plusieurs nombres.

Définition et propriétés élémentaires des nombres premiers. Décomposition d'un nombre entier en un produit de facteurs premiers. Application aux diviseurs et aux multiples.

II. — Rapport de deux grandeurs de même espèce. Mesure des grandeurs et notions de fraction.

Propriétés des fractions. Opérations. Cas des fractions décimales. Nombres décimaux.

Le rapport de deux grandeurs de même espèce est égal au quotient des nombres qui les mesurent.

Grandeurs directement et inversement proportionnelles.

Système métrique.

III. — Calcul d'un quotient à une approximation décimale donnée. Réduction d'une fraction ordinaire en fraction décimale. Condition de possibilité. Fractions décimales périodiques.

Carré d'un nombre entier ou fractionnaire. Composition du carré de la somme de deux nombres. Le carré d'une fraction n'est jamais égal à un nombre entier. Définition et extraction de la racine carrée d'un nombre entier ou fractionnaire à une approximation décimale donnée.

Définition de l'erreur absolue et de l'erreur relative. Exercices.

ALGÈBRE

Nombres positifs et nombres négatifs. Opérations sur ces nombres.

Monômes, polynômes. Addition, soustraction, multiplication, division des monômes et des polynômes.

Principes relatifs à la résolution des équations.

Équations du premier degré.

Équations du second degré à une inconnue (on ne parlera pas des imaginaires). Équations simples qui s'y ramènent.

Inégalités du premier et du second degré.

Progressions arithmétiques et progressions géométriques.

Logarithmes vulgaires. Usage des tables à quatre ou cinq décimales.

Intérêts composés et annuités.

Coordonnées d'un point. Représentation d'une droite par une équation du premier degré. Coefficient angulaire d'une droite. Construction d'une droite donnée par son équation.

Variations et représentations graphiques des fonctions :

$$ax + b, \ \frac{ax + b}{a'x + b'} \ ; \ ax^2 + bx + c, \ ax^4 + bx^2 + c.$$

Dérivée. Signification géométrique. Dérivée d'une somme, d'un produit, d'un quotient, de la racine carrée d'une fonction, de $\sin x$, $\cos x$, $\operatorname{tg} x$, $\operatorname{cotg} x$.

Application à l'étude de la variation, à la recherche des maxima et des minima de quelques fonctions simples, en particulier des fonctions de la forme.

$$\frac{ax^2 + bx + c}{a'x^2 + b'x + c'}, \ ax^3 + bx^2 + cx + d$$

où les coefficients ont des valeurs numériques.

Exemples numériques de fonctions simples tirées des fonctions précédemment étudiées où la variable est une fonction trigonométrique.

Fonction de la primitive. Utilisation pour le calcul de certaines aires (on admettra la notion d'aire).

TRIGONOMÉTRIE

Orientation relative de deux vecteurs portés par des droites parallèles, de deux angles d'un même plan. Rapport de ces grandeurs.

Extension de la notion d'arc et d'angle. Fonctions circulaires (sinus, cosinus, tangente et cotangente). Relations entre les fonctions circulaires d'un même arc. Calcul des fonctions circulaires de quelques arcs :

$$\frac{\pi}{4}, \ \frac{\pi}{5}, \ \text{etc.}$$

Théorie des projections. Somme géométrique des vecteurs. Formules d'addition pour le sinus, le cosinus et la tangente. Expression de sin $2a$, cos $2a$, tg $2a$.

Toutes les fonctions circulaires de l'arc a s'expriment rationnellement en fonction de tg $\frac{a}{2}$.

Transformer en produit la somme et la différence des deux fonctions circulaires, sinus, cosinus, tangente. Problème inverse.

Usage des tables de logarithmes à quatre ou cinq décimales.

Exercices sur la résolution et la discussion de quelques équations trigonométriques simples.

Relations entre les côtés et les angles d'un triangle. Résolution des triangles.

GÉOMÉTRIE

I. *Transformation des figures.* — Déplacements. Translation. Rotation.

Symétries.

Homothétie et similitude.

Puissance d'un point par rapport à un cercle ou à une sphère. Axes radicaux. Plans radicaux.

Polaire d'un point par rapport à deux droites.

Polaire d'un point par rapport à un cercle. Plan polaire d'un point par rapport à une sphère.

Inversion. Projection stéréographique.

II. *Coniques.* — Ellipse. Cercles directeurs. Intersection d'une ellipse et d'une droite. Tangente. Équation de l'ellipse rapportée à ses axes. Ellipse et cercle considérés comme projections l'un de l'autre. Applications.

Hyperbole. Cercles directeurs. Intersection d'une hyperbole et d'une droite. Tangentes. Asymptotes. Équation de l'hyperbole rapportée à ses axes.

Parabole. Intersection d'une parabole et d'une droite. Tangentes. Équation de la parabole rapportée à l'axe et à la tangente au sommet.

Définition commune de ces courbes au moyen d'un foyer et d'une directrice.

Sections planes d'un cône ou d'un cylindre de révolution.

GÉOMÉTRIE DESCRIPTIVE ET GÉOMÉTRIE COTÉE

Représentation du point, de la droite, du plan. Droites concourantes. Droites parallèles. Plans parallèles.

Intersection de droites et de plans. Application à la représentation des prismes et des pyramides.

Droites et plans perpendiculaires.

Changement de plan, rotation, rabattement.

Application aux distances et aux angles. Distance de deux points, d'un point à une droite, d'un point à un plan. Angle de deux droites, d'une droite et d'un plan, de deux plans.

CINÉMATIQUE

Relativité du déplacement. Trajectoire.

Mouvement rectiligne. — Mouvement uniforme, vitesse numérique. Mouvement varié, vitesse numérique moyenne, vitesse numérique à un instant donné. Accélération numérique. Mouvement uniformément varié.

Mouvement curviligne. — Équation horaire, vitesse et accélération numériques.

Vecteur-vitesse. Vitesse moyenne, vitesse à un instant donné définies comme vecteurs.

Mouvement circulaire. Vitesse angulaire, relation avec la vitesse numérique. Vecteur-vitesse. Vecteur-accélération. Mouvement circulaire uniforme. Mouvement sinusoïdal.

Composition des vitesses.

STATIQUE

Point matériel. — Inertie. Force, sa représentation par un vecteur. Masse. Indépendance des effets des forces. Composition des forces.

Équilibre d'un point matériel libre. Équilibre d'un point matériel sur une droite ou sur un cercle, sur un plan ou sur une sphère. Cas du frottement.

Moment d'une force par rapport à un point ou par rapport à une droite. Théorème de Varignon.

Forces appliquées à un corps solide. — Forces parallèles. Centre des forces parallèles. Centre de gravité, exemples simples : triangles, trapèze, prisme, pyramide.

Réduction des forces appliquées à un corps solide à deux forces. Application à l'équilibre d'un corps solide soumis à trois forces, à des forces parallèles, à des forces situées dans le même plan.

Notion de couple.

Équilibre d'un corps solide assujetti à reposer sur un plan fixe. Équilibre d'un corps solide mobile autour d'un axe ou d'un point fixe (fixité réalisée par une articulation cylindrique ou sphérique).

Machines simples à l'état de repos. — Levier, treuil, poulie fixe et poulie mobile. Plan incliné.

COSMOGRAPHIE

Sphère céleste. — Distance angulaire. Hauteur et distance zénithale. Théodolite.

Lois du mouvement diurne. Méridien. Pôle. Jour sidéral. Ascension droite et déclinaison. Lunette méridienne.

Terre. — Coordonnées géographiques.
Dimensions et relief de la terre.
Mappemonde. Cartes.

Soleil. — Mouvement propre apparent sur la sphère céleste. Écliptique. Inégalité des jours et des nuits aux diverses latitudes. Saisons. Année tropique et année sidérale.

Heure sidérale, heure moyenne, heure légale.
Calendriers julien et grégorien.

Lune. — Mouvement propre apparent sur la sphère céleste. Phase.

Rotation. Variations du diamètre apparent.

Éclipses de lune et de soleil.

Planètes. — Système de Copernic. Lois de Képler. Lois de Newton et ses conséquences.

Notions sommaires sur les distances, les dimensions, la constitution physique du soleil, des planètes et de leurs satellites.

Comètes. Étoiles filantes. Bolides.

Étoiles. Constellations. Nébuleuses. Voie lactée.

Physique et chimie.

(4 h. 1/2.)

PHYSIQUE

Procédés d'enregistrement graphique. Chronophotographie.

Chute des corps dans le vide et dans l'air. Étude expérimentale directe de la chute libre.

Lois de la dynamique : vérification expérimentale. Définition de la masse. Énoncé de la relation générale entre la force, la masse et l'accélération. Application au mouvement circulaire uniforme et au mouvement sinusoïdal. Résistance de l'air : existence d'une vitesse limite. Principe des aéroplanes.

Unités de mesures. Unités fondamentales et unités dérivées. Systèmes C. G. S. et M. T. S. et système métrique.

Pendule simple : lois du petit mouvement du pendule. Pendule composé : existence d'un pendule simple synchrone (sans calcul). Mouvements analogues au petit mouvement du pendule. Champ de pesanteur. Mesure de g : variations de g.

Énergie. Énoncé du théorème des forces vives. Applications : volant, marteau. Diverses formes d'énergie (mécanique, thermique, électrique, chimique), leurs transformations mutuelles.

Équivalence de la chaleur et du travail : expérience de Joule. Principe de la conservation de l'énergie.

Principe de la machine à vapeur et des moteurs à explosion (sans description détaillée). Indicateur de Watt.

Rendement d'une machine thermique. Simple énoncé du principe et du théorème de Carnot.

Changements d'état. — Équilibre entre les divers états d'un corps pur : diagrammes.

Réseaux d'isothermes. Cas d'un gaz parfait. Expérience d'Andrews : point critique. Continuité de l'état liquide et de l'état gazeux.

Mouvements vibratoires. — Le son est dû à un mouvement vibratoire. Propagation d'un mouvement vibratoire. Longueur d'onde. Vitesse de propagation du son.

Interférences. Réflexions des ondes, ondes stationnaires : nœuds et ventres.

Qualités physiologiques du son, leur interprétation physique. Sons musicaux : intervalles, harmoniques. Gamme de Zarlin, gamme tempérée.

Résonance. Tuyaux sonores (étude sommaire). Timbre des sons.

Étude sommaire des cordes vibrantes.

Hypothèse des vibrations lumineuses. Lumière monochromatique : période, vitesse de propagation, longueur d'onde.

Principe des interférences : expériences du biprisme et des trous d'Young.

Dispersion : spectroscope. Étude du spectre de l'infra-rouge à l'ultra-violet. Photographie.

Électricité. — Notions élémentaires sur le condensateur : capacité, farad.

Notions élémentaires sur les courants alternatifs : leur production, leurs propriétés, leur utilisation. Définition expérimentale de l'intensité efficace, de la force électromotrice efficace, de la puissance moyenne d'un courant alternatif. Exposer sans calcul l'influence de la self-induction et de la capacité : définition du facteur de puissance.

Principe des alternateurs monophasés et polyphasés.

Transformateurs. Bobine d'induction.

Décharge électrique dans les gaz. Rayons cathodiques et rayons X.

Oscillations électriques. Propagation des ondes électriques : principe de la télégraphie sans fil.

Hypothèse de l'identité des oscillations électriques et oscillations lumineuses.

CHIMIE

Généralités sur les combinaisons chimiques. — Analyse immédiate.

Principe de l'analyse gravimétrique et de l'analyse volumétrique (chlorure d'argent, sulfate de baryum, acidimétrie et alcalimétrie).

Lois des combinaisons en poids et en volumes.

Système de nombres proportionnels. Notation chimique. Formules.

Définition chimique du système des masses moléculaires et des masses atomiques.

Lois physiques auxquelles ces masses obéissent : Avogadro, Raoult, Mitscherlich, Dulong et Petit. Application de ces lois.

Notion de valence.

Acides, bases, sels, lois de Berthollet.

Caractères des oxydes, sulfures, chlorures, sulfates, azotates et carbonates.

Chimie organique. — Principe de l'analyse organique Synthèse : exemples. Formules développées.

La fonction en chimie organique (chaque fonction sera définie et étudiée à sa place, sur un exemple particulier).

Carbures d'hydrogène. Dérivés halogènes : chlorure de méthyle.

Étude sommaire de l'alcool éthylique au point de vue fonctionnel. Éther ordinaire, aldéhyde éthylique, acétone, méthylamines.

Étude sommaire de l'acide acétique au point de vue fonctionnel : chlorure et anhydride.

Éthers-sels.

Notions sommaires sur la fonction amide : urée. Cyanogène et acide cyanhydrique au point de vue fonctionnel.

Glycérine. Corps gras, bougies, savons.

Carbures benzéniques Phénol, acide picrique, aniline.

Note. — Dans cette classe, un certain nombre d'exercices pratiques porteront sur la revision des questions les plus importantes des programmes de seconde et de première.

Au début de l'année, dans cette classe, on n'enseignera pendant quelque temps que la chimie. On commencera la physique quand le professeur de mathématiques aura terminé l'étude de la cinématique.

Philosophie.

(3 heures.)

(Le programme de logique et de morale de la classe de philosophie.)

Langues vivantes.

(2 heures.)

(Même programme qu'en philosophie.)

Histoire et géographie.

(3 h. 1/2.)

(Même programme qu'en philosophie.)

Sciences naturelles.

(2 heures.)

(Même programme qu'en philosophie.)

Dessin d'imitation.

(2 heures facultatives.)

(Même programme qu'en seconde et première.)

TABLE DES MATIÈRES

—

92289. — Imprimerie LAHURE, 9, rue de Fleurus, à Paris. — 1925.

www.ingramcontent.com/pod-product-compliance
Lightning Source LLC
LaVergne TN
LVHW021743170726
843503LV00004B/1710